小島　力

KOJIMA, Chikara

故郷は帰るところにあらざりき

原発避難10年の闘い

西田書店

まえがきにかえて

蟻たちの塔に寄せて

小島　力

朝――
高い陸橋が常磐線をまたぎ
真直ぐに海へ向かう切通しの道路を
延々と続く車の列
シルバーグレーの乗用車
チョコレート色の小型マイクロバス
泥はねまみれの白いライトバン
ありとあらゆる車種の車の列が

この作品は一九八三年、「83原水禁」（十月社）に発表し、二〇一三年『わが涙滂々―原発にふるさとを追われて』（西田書店）に収録したものである。

北から　南から　西から
東京電力福島第二原子力発電所
三～四号炉建設現場に
集ってくる

国道六号線を流れ
十字路の信号で堰きとめられ
県道富岡・原町線で渋滞し
区画整理されたばかりの街路樹の道を
臓腑のはみ出した犬の死骸の転がる街角を
残雪が半透明に凍りつく農免道路を
椿の大樹が覆いかぶさる旧国道を
どこまでも続いている

札束を煉り固め

札束を積み重ねるように
原発を建設し続ける
途方もなく巨大な力
慕い寄り群がり集まる車の流れの
何と蟻の行列に似ていることか
人は自らに死の刑罰を課す神に向かって
何故あんなにも高く
塔をそそり立たせるのだろうか
赤白だんだらのバカでかい排気筒の向こうに
いつか必ず死ぬであろう海が
今朝もてらてらと
異様に光り輝いている

かつては隣近所の目を避け
隠れるように原発に通った男たち

仲間が一人増え　二人ふえするたびに
堂々と車を連ね
隊伍を組んで出かけるようになった
しかし決して消えないかすかな恐怖は
人々の胸の底に重く沈殿し
煮こごりのようにふるえている

夜——
暗く沈む街並みや田畑や防風林の上に
昔と変わらぬ澄んだ星空が広がり
その下でひそかに　そしてゆっくりと
惨劇は進行する
優しげに瞬きながらさし覗く
星たちには見えるだろうか
形もなく色も匂いもない微細な物質が

間断なく地表に降り積もり
家々の屋根瓦の隙き間や雨樋の底に
春菊の葉先や冬葱の白根に
赤ん坊の背骨や母親の頭髪に
蓄積するのを………

それにしても今この家で
冬の夜の食卓に立ちのぼる湯気は
やっぱりあたたかい
テレビの画面を右往左往する
ドリフターズを追う子供たちの眼は
屈託もなく笑っている
追いつめられ
尚追いつめられたことを知らぬ
強靭な日常

ある時は親類の病気見舞いの金額でもめ
ある時は子供の進学で夫婦喧嘩し
又ある時はけもののように睦み
したたかな屁を放って
生きる

翌朝――
むじなっ窪から二人　櫟平から一人
キシキシと雪を踏んで男たちが出てくる
暁の暗がりで声を掛けあい
横腹のへこんだ乗用車に乗り込み
塗料の剥げたマイクロバスに吸い込まれ
出発する
彼らが朝焼けの峠を越える頃
沿線の街々では

赤錆びたトタン屋根の町営住宅から
瀬戸瓦の堂々たる構えの農家の玄関から
六畳二間のアパートの階段から
吐き出された男たちが
凍てつく風の街角で
次々と車にひろわれる

こうして今朝も
無数の車が延々と列を作り
こうして今日も
蟻たちの塔が確実に積み上げられ
原発は不吉な予言のように
日々その醜悪な姿をあらわにしてくる

故郷は帰るところにあらざりき

――原発避難10年の闘い――

目次

故郷は帰るところにあらざりき

――原発避難10年の闘い――

避難生活を支えてくれた武蔵野市の方々
並びに行動を共にした葛尾村の仲間たちに本書を捧ぐ

I

原発破綻

不気味な地鳴りと共に最初の縦揺れがドカンとくると、巨大な鉄槌を地に叩きつけるような衝撃が、続けざまに襲ってきた。その衝撃は次第に強く、次第に間隔をせばめ、家鳴り震動が激しく壁や柱や、家全体を揺さぶる。離れた炊事場の方向で、食器の砕ける音が、けたたましく鳴りひびいた。私はパソコンを中断し、自室からとび出す。

通常の地震なら最初の強震がそのまま継続するか、後は次第に弱まるかするのに、自室から八畳間二部屋を通り越して居間に出て来るまで、揺れは逆にますます激しさを増した。こんな揺れ方はかつてない。肌の泡立つような恐怖が、首筋から背中へ走る。底ひびきする山鳴りにともなって、はるか東方では大砲のような破裂音が何度か聞こえた。

地震恐怖症気味の妻のヤス子はとっくに庭先へとび出し、植木のもみじにすがってうずくまっている。庭先に駐車していた妻の軽自動車が、ボールのように軽々と跳び上がり、地面で弾んでいた。野菜畑の脇にある犬小屋で、犬がひっきりなしに吠え続ける。

激しい揺れがどのくらい続いたのか、恐怖のさなかでは一〇分も二〇分も続いたようにも思われ、もっと大きな震動が続けて襲ってきそうにも思われた。やがて時間がたつにつれ、次第に弱まってくる揺れに少しほっとしていると、その揺れが収まらないうちに次の余震が襲ってくる。震動は途切れることなく、強まったり弱まったりしながら、およそ二時間近くにも及んだ。

縦揺れ一辺倒の地震だったせいか、流し台から払い落された籠から、とび出した皿や茶碗が砕け散った以外、家具の倒壊も家屋の損傷もなかった。ヤス子が炊事場の流しや食卓の上から振り落とされ散乱した食器の破片、ビニール袋や段ボール箱からとび出した野菜や袋入りの食材などを片付け始めている。母屋の方では棚とか箪笥の上から落ちた物は、比較的に数少ない。私は壁に掛けた絵や写真の額が、傾いたり紐だけでぶら下がったりしているのを修復してから、家の周囲を一通り点検する。

外回りの壁や屋根などにも損傷はない。庭先の池から植え込みにかけて長さ一〇メートル、幅三センチ程の細い地割れの跡が見えた。物置の中は、積んであった段ボール箱や衣類のビニール袋、穀物の紙袋その他が散乱し重なり合い、さながらゴミの山だ。続いて犬小屋に向かう。犬はまだ恐怖の唸りを発しながらも、尾を振って寄ってくる。片手で背中を撫でてやると、やっと落ち着いて地面に寝そべった。犬の名は「大雪号」、通称ダイと呼ぶ。一〇歳に近い、柴犬のオスである。そのうちに犬が急に耳を立て唸り声を上げながら、いきなり四肢を強張らせて起ち上がる。またしても地を揺るがす激しい余震であった。

地震以降点けっぱなしのテレビが、東北各地の被災状況を伝えている。逃げまどう人々に後から追い迫る巨大な浪の壁。「末の松山」を軽々と乗り超えた津波が、自生した松林を根こそぎ巻き込んで地に叩きつける。そんな未曾有の津波の映像が眼を引き付けて離さない。

その後も繰り返す震動が、次第に弱まり間遠になってゆく中で、しかしその時もっと大きな真実の恐怖が、ひそかに迫りつつあった。そのことに気付いたのは、東北各地の津波のニュースの合間に、原発の破綻が報じられ始めた時だった。私は愕然とした。原発がその欠陥を露呈する最も大きな要因は、地震と津波ではなかったか。地震のさなかに、何故そのことに思い及ばなかったか。最初の強震と同時に、得体の知れない爆発音まで聞いていた筈なのに……。

原発の危険性については自らも信じ人をも説いて、何度か参加した東電交渉の場でも、地震や津波対策の不十分さを指摘し、東電側に迫ったりもしてきたのではなかったか。にもかかわらず地震のさなか、原発が頭の片隅にも思い浮かばなかったという事実は、一体何を意味するのか。四〇余年にわたる私の反原発運動が、果して本物であったのかどうか。

改めて問い直す思いで、不可解な事実と向き合った。

各地の津波のニュースはさておき、こと原発事故に関しては昔から決められたストーリーで構成された、お仕着せのニュースしか流さない。そのことを分かり切ってはいるものの、やはりこの際テレビを見ることでしか、情報の入手はできない。細切れのわずかな原発情報で事故の推移を見つめながら、心の片隅では傷跡のように残る自分への疑問を、くりかえし思い起こしていた。


翌三月一二日午後、ついに原子炉建屋が爆発し、上部構造が吹き飛んだ。放射能飛散が確実と知って、東京に住む子供たちから、やっと通じた携帯電話での相次ぐ避難勧告があり、準備を始める。子供は二男一女、すべて東京近郊に住んでいるので、避難先は東京以外にない。しかし新幹線は途絶し、高速道は閉鎖されている。その夜遅く勤務を終える下の息子（小島卓）が、一般道を走って迎えに来るのを、郡山で待ち合わせる約束となった。

隣近所や親戚に連絡を取ろうとしたが、電話はほとんど通じない。ヤス子が車で近所の知人を訪ねると、夫婦で炊き出しに行っていると言う。原発直下の大熊や富岡町などから、「せせらぎ荘（村保養施設）」に避難してきた人々が多数入っているからだ。他の町から避難してきた人々も炊き出しに奔走した村人も、翌々日には根こそぎ全員避難しなければならない運命が待っていようとは、まだ誰も気付いてはいなかった。

夜に入ってこの村でも二〇キロ圏内に位置する集落があり、「せせらぎ荘」に避難するよう防災無線がしきりに伝えた。「二〇キロ圏内から五キロや七キロ移動したからって、何が安全なんだ。そもそも二一キロに住む家は危険じゃないのか」私は一人でぼやいていた。テレビでは未曾有の津波に襲われた沿岸各地の映像を、繰り返し放送している。原発さえなければ津波の被災地に心痛める立場であったろうに、今は払いようもない我が身の火の粉に怯えていなければならない。出発直前。犬の鎖をはずそうとすると、ヤス子が反対する。「何故だ」と聞くと「鎖から放したら本当の野良犬になっちまう」

出がけに口論している訳にもいくまい。結局犬は鎖につないだまま、置き去りにするしかなかった。バケツに二杯のエサと容器一杯の水を、犬小屋の近くに置いた。なんとか生きていてほしいと、只々願うのみ。戸締りを済ませて家を出たのは、夜遅くなってからのことだった。

地震の傷跡も生々しい4号国道をたどって、次男の車が待ち合わせの場所に到着したのは、次の日の夜明け間近。一晩中ほとんど一睡もしないままの私たちは、ところどころ段差のある4号国道を東京に向かった。日の出を迎えたのは那須あたりであったろうか。朝もやの向こうに浮かんだ太陽は、不気味な血の色を滲ませた巨大な円盤であった。

「原発難民が来たぞー」そう孫たちに前触れして、西巣鴨に住む次男の家に上がりこんだのは、その日の午前中だった。しかしそんな冗談では済まされない避難生活が、そこから始まった。息子夫婦にはまだ幼い子が二人いて、ヤス子の方は家政婦代わりとしても結構重宝するのだが、私には何も取り柄がない。その上酒も飲めば煙草も吸う。何ともやりきれない、手持無沙汰で心苦しい日々であった。そこで柏市に住む上の息子の家に四日、東大泉に住む娘の家に一週間。単身で転々と渡り歩く避難生活が続いた。どこに行っても孫たちが嬉しげに迎えてくれるのが、何よりもの慰めであった。

そんな避難生活のさなか、ある夜ツイッター上に葛尾村の動向が表れたのをとらえた孫が、印刷して渡してくれた。福島市運動公園に全村で避難していた村民が移動を始めたと言うのである。「葛尾村の避難民が運動公園から会津を目指して出発した」「葛尾村の一行が磐越道で車を連ねて走っている」といった、断片的な情報が次々と入ってくる。

何と言う無慈悲な光景であろうか。真夜中の道で避難先を探し求め、さまよい歩く村人たちの集団移動が、鮮明なテレビ映像のように頭に浮かぶ。直接原発立地町村ではないがために、原発マネーと称する交付金も、おこぼれ程度しか廻ってこなかったこの村。いったん事故が起きてしまえば、被害だけはまんべんなく全町村に及ぶ。原発に賛成した人も反対した人も、今は等しく被災者なのだ。暗澹たるこの結末を、一体誰が予測し得ただろうか。

私は東京都世田谷区に生まれ、上北沢小学校に三年生の秋まで通学した。太平洋戦争が熾烈さを増し、東京の空にまで米軍機が姿を現すようになって、にわかに疎開することに決まり、福島の母方の実家を頼って単身身を寄せた。終戦後赴任先から引き上げてきた父親の意を受けて、葛尾村の開拓地に転居した。その地に住んで七〇余年、今度は原発事故で全村避難という結果を招いた。国策という無謀な戦争によってふるさと東京を追われ、嘘とごまかしによる「原発推進」という国策によって再びふるさとを追われる羽目になったのだ。

子供たちの家を転々とする避難生活の間も、置き去りにして来た犬の安否が、しきりに気遣われてならなかった。バケツ一杯のドッグフードでさし当たり餌は間に合うにしても、犬は次の食事の分として餌を残しておくだろうか。わが家同様に置き去りにされた他の犬も来るだろうし、付近を徘徊して農作物を荒らしまわる猪だって来る。ゴミ袋を突き破って生ゴミを食い散らすカラスの群れには、ほとほと手を焼いてきた筈ではなかったか。「やはり鎖から放しておくべきだった」と、そのことばかりがしきりに悔やまれた。そして心の奥底の深いところでは、地震のさなか原発に思い至らなかった自責の念が、古傷のようにいつも疼いていた。

2

初めての一時帰宅

子供たちの家を転々とする避難生活の間も、置き去りにして来た犬の安否が、しきりに気遣われてならなかった。三月下旬のこと、娘の家に滞在している私のところへ、下の息子から電話がかかってきた。置いてきた犬を引き取って、自宅で飼いたいと言うのだ。家は一戸建てだから犬を飼ってもどこからも苦情は来まいが、さしあたり放射能を被った犬をどこに置くかだって、大変な難題である。

「玄関先に犬小屋を置いてもいいし、場合によっては屋上で飼ってもいい」

「大切なのは被曝の問題だ。草むらにもぐったり雨にも当ったろうし、身体中放射能だらけの筈。『洗えば元通りだ』などと言う無責任な宣伝を鵜呑みにはできないし、飲み水や食物で内部被爆も進んでいるだろうから、連れてくるのは無理だと思う」

「子供たちが『ダイがかわいそうだ』と言ってきかないんだ。そう言う子供らの気持ちも大切にしなければならないと思う」

「それはわかる。しかし今は何ともなくとも、五年先、十年先、孫たちに影響を与えるかもしれない危険性に、目をつぶる訳にはいかない」

そんなやり取りがしばらくあって、息子はしぶしぶ納得し諦めた形になった。とっさのこととは言え、無情にも犬を置き去りにしてきた責任は私の方にある。しかし孫たちの将来を考えれば、薄情者の汚名をあえてかぶると、覚悟を決める以外なかった。

その時私は何の脈絡もなく、「餌は当分間に合う」と思い込んでいた、そんな自分の浅はかさに気付いた。

たとえ「餌は当分間に合った」にしても、水はつまずいてこぼしてしまえばそれっきりだ。食物はあっても水分がなければ、生きてはいけない。家の周りの池や谷川には水が豊富にあるのだから、やっぱり鎖だけでも外して置くべきだった。そのことがしきりに悔やまれ、ここに至ってにわかに兆した新たな心配が、置き去りと言う非情な行為に対する当然の報いのように、私の心をさいなみ始めた。

三月末、東京都が提供する避難者用都営住宅の入居者募集に応じ、早速都庁に出向いて手続きをとった。最初に住むのは「都内二三区がいいか、三多摩がいいか」を聞かれたので、希望地は三多摩にした。入居が決まったのは四月の初め。閑静な武蔵野市の、市役所近くの団地が割り当てられた。被災者と言う立場を慮ってか、対応する都の職員も市の職員も、懇切で丁寧だった。

市役所を取り囲むように続いている桜並木が、七分咲きのアーチを作って迎えてくれた。新築間もない部屋にテレビや冷蔵庫など家電の他に、寝具、食器、救急セットまで揃えて受け入れてくれた、都や武蔵野市には感謝する以外ない。

しかしだからと言って、双葉地方の六町二村を壊滅させ、一夜にしてふるさとから住民を追い払った原発事故と、住民の不安の声に耳も貸さず、事故を隠蔽しデータを改ざんして操業を強行してきた、東京電力を許す訳にはいくまい。原子炉の耐震性とかベントや海水注入の時期を云々するよりも、暴走したら手のつけようがない未知の物質をもてあそび、暴利をむさぼってきた、そのことの理非をこそただすべきではないのか。

いつまでたってもテレビや新聞には、避難区域の二〇〜三〇キロ圏を示す円形の範囲図が、繰り返し出てきた。「まだら」と言われる放射能飛散の状況からすれば、同心円が示す線の内と外でどれだけの相違があると言うのか。天気予報は勿論花粉の飛散予測までニュースで報道されるのに、技術的には決して出来ない筈のない、放射能拡散の予報など見たことも聞いたこともない。むしろデータがあっても後出しか、逆に隠されてしまうのがオチであろう。そんな思いがいつも心にわだかまっていた。

様々な行政支援があったにせよ、いざそこで暮らすとなれば、さしあたって生活に必要な物資は次々と思いつく。入居前に一度自宅に帰って、荷物を運んでこようと思い立った。そう考えた理由のひとつに、置き去りにしてきた犬の心配があったことは否めない。四月に入った直後のある日、弟の運転する車で福島に向かうことになった。

一時帰宅当日の早朝、市役所前で狛江市に住む弟の車を待つ。桜並木は満開に近い花のトンネルを連ね、車の往来もまばらな朝の通りに覆いかぶさるように垂れた枝を、風がゆっくりと重たげに揺すっていた。大泉ICから首都高に乗る。開通間もないせいでもあろうか、東北道は懸念したほど混んではいなかった。桜の東京から北へ向かうほど季節が後退した。那須SA付近では、芽吹き始めたばかりの雑木林に霧がひっそりと纏わり、かすかな風が半袖の腕には肌寒かった。

三春町付近にさしかかると、道の片側に広がる竹林には、一〇本から二〇本に一本ぐらいの割で、枯れた竹が混じっている。根元から一本丸ごと枯れた竹の、赤茶けた葉の色が異様に目立った。放射能の影響なのか、地震の被害なのかはわからない。思いなしかその竹林全体も、脱色したような力ない薄黄緑に見えた。

高速を降りると、288号線に入って東に向かう。常葉《ときわ》の町はずれに検問所があって、数人の警官が屯していた。しかし自宅の位置が三〇キロ圏内とあってなんなく通過。分水嶺の峠を越えると、芽吹き始めたばかりの木々が、時々車窓をかすめる。そうだ。もうすぐタラの芽の季節なのだ。

四月末から五月の初め。例年だったら連日タラの芽採りに明け暮れる時期である。山ひだの谷沿いの湿地や沢筋に多く自生するタラの木を求めて、尾根を越え沢をさかのぼって、高く伸びた木の頭頂に芽吹くタラの芽を、木の股を利用した引っ掛け棒でたぐり寄せ、一個々々もぎとるのである。ここ数年何故かタラの木の立ち枯れが増え、以前だったら谷筋一本で背負い篭一杯になるほど採れたのに、近頃は何本もの尾根や沢を登り降りして、やっと篭一杯の収穫を得る程度である。それでも採った。毎年々々夢中で採った。連休になれば必ず孫たちがやって来る。「おいしい!」と声を上げてタラの芽の天婦羅にかぶりつく、孫たちの笑顔がそこにあるから、山坂越えて採りあさった。そのタラの芽がもう採れない。放射能を浴びたタラの芽は、この先何年も。あるいは永久に……。

タラの芽ばかりではなく、孫たちの帰郷も途絶えるしかない。孫たちの笑顔と一緒に、住み慣れた日常もその明け暮れにまつわる喜怒哀楽も、人生終盤を迎えた私たち夫婦の暮らしそのものも、一切合財消えてしまった。しかしそれを奪った元凶の放射能は、眼にも見えなければ色も形も匂いもない。今ふるさとの山や田畑は、一か月前と少しも変わりない姿で、そこに広がっている。国道288号から逸れて399号線に入る。いつの間に咲いたのか道沿いに花開く数本のこぶしは、消えゆくもののはかなさをいとおしむかのような、淡々しい白さであった。

田村市との境界から峠を下る。途中で自宅入り口の角を曲がり、雑木林の中の私道を進む。もしかしたら犬は死んでしまったかもしれない。そんな心配が頭をよぎる。我が家に帰って真っ先の仕事が、原発事故の犠牲となった犬の埋葬だとしたら……。

車を止めて犬小屋を覗く。犬はいない。外れた鎖が片隅に横たわっている。餌の入ったバケツには、まだいくらか残りがあった。水を入れた容器は、案の定横倒しになっている。あたりを見回すと畑周辺の枯れた草むらには、草藪を押し分けて歩き回った猪の形跡が全くない。改めて耳をすますと、一か月前には周囲の林に群れをなして飛び廻り鳴き騒いでいたカラスが、跡形もなく姿を消し鳴き声一つ聞こえない。あたりはよどんだ水底のように、静まり返っていた。

「ダイーっ！」ヤス子が大声で犬を呼ぶ。その声が林の奥に吸い込まれ消えてゆく頃、遠くの畑で甲高く吠える声がして、一散に走ってくる茶色の姿が見えた。「よくぞ生きていてくれた」安堵の想いが胸に広がる。さほど痩せ細っている風もない。放置されて作物一つない野菜畑を、斜めに突っ切って走ってくる。犬は目の前でいったん立ち止まると、いきなり尻尾を振ってとびかかる。その犬を両手でしっかりと抱きとめてやる……、訳にはいかなかった。東京に戻れば幼い孫たちに接しなければならないのだ。密集した体毛に目一杯放射能が蓄積されているとしたら、薄いビニールの透明合羽に手袋という簡易装備では、はなはだ心もとない。軽く二三度頭を叩いてやるのが、精一杯の仕種だった。

とは言え犬は何も知らない。三週間ぶりに戻ってきた飼い主を目指して、必死に走ってきたのだ。何の疑いもなくとびかかってきた犬を、理不尽にも飛びのいて押し戻したのは私の方である。すべての原因は放射能にある、などという言い訳は犬には通じない。動物を愛し、花や自然を愛そうとする人間の心さえ、押し伏せ捻じ曲げようとする何ものかに対して、激しい憎しみを覚えた。原発事故に対するやるかたない怨嗟と、肺腑を突き抜けるような憤りを、改めて噛みしめた瞬間であった。

犬の鎖が外された理由は、まったく分からない。果たして犬が手品でも使ってすり抜けたか、見回りの消防団員がこっそり放してくれたのか、今もって謎である。

3 高松に歌う

「コジィーマサーン」

　ピンポーンの後でインターホンをとると、いつもの声は隣戸で一人住まいをしている、自治会当番役員の加納さんである。そもそもインターホンなど必要ないほど、声の大きな元気なおばあちゃんである。日に一度、多い時には二度、三度と訪ねて来ては、市のイベントやこの棟のあれこれの情報を教えてくれる。

「加納さんだぞ」

　インターホンの傍にパソコンのデスクを置くので、受話器を取るのは私であるが、大抵は係が違うとばかり、妻のヤス子にバトンタッチする。ドアを開いてヤス子が出てゆくと、それからややしばらくは玄関先で、団地内の情報伝達が続くのである。武蔵野市の都営住宅に入居してすでにひと月近く。市役所前の桜並木は葉桜に変わり、三階のベランダから見える銀杏並木は、日増しに新芽の緑を濃くしている。入居当時の二号棟は、新築間もないせいかまだ居住者も少なく、夜など燈火の点いている部屋は、五、六戸しかなかった。その後ぼちぼち入居者があって、総戸数五〇戸ほどの集合住宅だが、今では三分の一程度は埋まっている。加納さんは若い頃郡山市で働いていたとかで、福島からの被災者にはことのほか思い入れが深く、新しく被災者の入居があると、その都度教えに来てくれる。

「昨日越してきたご夫婦は浪江町の人だってよ。顔を出してごらんなさい」などとけしかけられるので、結果して被災者同士のつながりが自然と広がってゆく。

その頃私は七月に予定されている日本音楽協議会（日音協）主催の「はたらくものの音楽祭」に向けて、構成詩の制作にとりかかっていた。福島県支部が、今まで活動停滞して来た経緯を考えれば、この短い期間での発表作品の構成は、かなり無理があった。しかし県支部結成以来ほぼ一貫して「反原発」作品の発表を続けてきた私たちが、この大事故に遭遇した今、沈黙している訳にはいかない。県支部メンバー一人一人に、そんな思いがあった。

とはいえ発表に至るまでの作業は、作詞作曲～編曲～構成～練習と、工程を積み重ねていかなければならない。それら工程の一つ一つで、打ち合わせ会や合宿を設定しなければならず、時間がいくらあっても足りない思いだった。だからこの棟の被災者を横につなぐ運動は妻にゆだねるしかなく、ヤス子が被災者訪問などで外回りを受け持ち、私は部屋でパソコンにかじりつく日々が続いた。

武蔵野市は街路樹や団地内の樹木など緑の多い町であるばかりでなく、公園も適度の配置で数多く散在する。比較的近い距離に、中央公園・武蔵関公園などがあり、少し離れて井の頭・小金井・善福寺公園など、武蔵野の雑木林を残していることで名の知られた公園があった。しかし私は原発事故以来腰の痛みが続いていて、散歩と言えば、手近な中央公園を一周するのが精一杯である。

福島に住んでいれば、春の山菜はタラの芽に始まって、コシアブラ、ぜんまい、わらび、フキ、ウルイなどが次々と芽生え、八月後半のチチダケを手始めに、九月下旬からはサクラシメジ、しし茸、カラカサ茸、釈迦シメジ、ホンシメジ、紫シメジなどが、季節の進行に合わせて順次頭を出し、一一月前半のクリタケ、オリミキ（ならたけ）をもって終わる。この間ほとんど連日周辺の山々を歩きまわるのが、退職以来の私の日課であった。阿武隈の山々に囲まれ、自然の中で手足を伸ばして暮らしてきた福島の日常から、ある日突然故なく追い出され、日に一キロ足らずの散歩が関の山と言う避難生活を強いられている。執拗な腰の痛みが続く中で、老年に至った身体にガタが来そうな心配が、いつも胸の底にわだかまっている。

「自転車があればなあ」と時々ヤス子にボヤきながらも、避難生活がいつまで続くか不透明な状況で、新規購入に踏み切る気にもなれなかった。ある日私が散歩から帰ってくると、家にいたヤス子が意気込んで報告する。

「さっき市の福祉協議会の人が訪問にきて、困ったことがあったら何でも相談してほしいと言っていた。自転車なんかも無料で市が貸してくれるって……」

翌日早速市役所に出向いて、必要な手続きを済ませる。

「市の所有する自転車が、駅前に放置してあっては困るので、それだけは気を付けてください」条件はたったそれだけ。「お貸しいただくのはこっちの方なんですが？」と言いたいほど、係員の応対はにこやかで丁寧だった。

次の日から雨でも降らない限り、周辺の公園めぐりが日課となった。一番近い公園が団地東側に中央公園があり、比較的近くて行きやすい場所が武蔵関公園で、ここは池のまわりを三～四周する。善福寺公園は案内がてらの一番上の孫と初めて訪れた。次第に範囲を広げて、小金井、井の頭公園に足を伸ばす。小金井公園の草原は、なだらかな芝生のスロープがゆったりと広がっていて、「こんなところで弁当を広げて、宴会でもやったらさぞ気持ちいいだろう」などと思ったりした。一日ワープロを打ったり作曲をしたり、パソコンにへばりついて過ごしているので、日に二、三時間の自転車走行は、結構な息抜きになった。自転車だと不思議に腰の痛みは苦にならなかった。

四月後半のある日、家族全員集合のピクニックパーティーを、小金井公園で開いた。車を置きっ放しで避難してきたので、救出や荷物運びで弟や子供に何度か福島往復をさせたり、三月中子供たちの家を転々として避難生活を続けたりの、それら全部をひっくるめた慰労会とでも言うべき趣きであった。長男の淳がホテルオークラでコックを務めていることから、フランス料理をオークラで調達して長女の美日が運んできた。

メンバーは三人の子供たち夫婦とその孫プラス弟夫婦で、学校行事で来れない孫が一人あったほかは、孫たちも七人顔を揃えての、久々の家族団らんであった。常日頃あまり口にできない珍しい料理が披露されるや、歓声を上げて手を出す孫たちを見ていると、オークラの料理はかなりの吸引力があったのに相違ない。それにしても例年であったらゴールデンウィークで福島に集まった孫たちが、タラの芽の天婦羅に歓声を上げていたはずなのだから、なんとも複雑な思いの家族パーティーであった。

その後の犬の心配があったので、四月末にもう一度一時帰宅で、福島に向かった。我が家は三〇キロ圏から外れているので、出入りに制限はなかった。犬は車の音を覚えているので、ドアを開けると車のすぐそばに走り寄ってきて、しきりに尻尾を振っている。

その日はホームセンターで板や木材を買い込んで、犬の餌箱を作った。野良犬やイノシシなどに、餌を横取りされるのを防ぐためである。箱には頑丈なふたをかぶせ、底板の一方に踏み板を取り付け、それを踏めばドッグフードが出てくる仕掛けである。しかし初めは調子良くバラバラ転がり落ちて来るのだが、何度も踏んでいると上からの重みで、出口のあたりにドッグフードがギッシリ詰まって、完全にストップしてしまう。底板を引き上げる仕掛けをバネにしたりゴムにしたり、あれこれ工夫しながら何度も試してみるのだが、結局お手上げ状態で断念するしかなかった。これでは横取り防止の役には立たない。しかしこのままでは犬自体が餌にありつけない。失敗をいくら積み重ねても、成功に結びつくとは限らない。最後の手段は、とりつけた頑丈なふたを開けっぱなしにするしかなかった。

この日は後片づけに手間取ったので、０・０６μSv（マイクロシーベルト）の都営アパートには帰ることが出来ず、被災現地の我が家に一泊するしかなかった。電気は通っていたので、コンビニ弁当で夕食を済ませ、炬燵にごろ寝をして翌日帰途についた。

それ以後の一時帰宅はおおむね短時間で済ませた。餌箱にドッグフード一袋分を入れると、家の中からその時々で必要な衣類とか本とか倉庫内の保存食とかを持ち出し、そそくさと車に積み込んで帰途につく。我が家の放射線測定値は、村内全域の測定値の最低箇所と比較すると、ほぼ倍以上の値を示しているからである。地上一メートルの測定で、裏庭が２・４５μSv、玄関先でも１・５μSvに達している。

私たちが月に一、二度帰る以外は、子供たちも孫たちも決して来ることのできなくなったふるさとに、例年と少しも変わらず梅や木蓮が咲き桜が咲き、そして散って行った。しばらくの間咲きほこる水仙は、国道から我が家に入る私道の両側や、孫たちが鮒やウグイ釣りに興じた池の周りなどに、真っ黄色な絨毯を広げていた。

やがて初夏から夏にかけて、畑には背丈を越える雑草が広範囲にはびこり、庭木にはつる草が絡まったり、新芽が伸び放題に茂ったりして、家の周りは次第に荒れ果てた様相を呈し始めた。

葛尾村・浪江町北西部・飯舘村が、「計画的避難区域」に指定されたのは四月二二日である。しかし新聞・テレビは、まだ非科学的な同心円の範囲図で報道を続けている。「ＳＰＥＥＤＩ（緊急時放射能影響予測ネットワーク）」のシミュレーションは三月一二日の爆発と同時に、北西方向に放射能が拡散することを予測していたという。にもかかわらず何の対策も示されず、住民は何も知らされないまま、「ＳＰＥＥＤＩ」の画像は隠蔽された。真相はコンピューターの予測に信が置けないから、無視された訳では決してあるまい。三月三〇日の時点でＩＡＥＡ（国際原子力機関）の調査が飯舘村に入り、三千万ベクレルの高濃度放射線を測定している。原発から四〇キロも離れた飯舘に調査が入ったこと自体、「ＳＰＥＥＤＩ」の予測に基づくものと考える以外ない。また葛尾村の全村避難は、三月一四日に実施された。何の根拠もなしに全村民を避難させるという決定を、この時点で出せる訳もあるまい。

政府が「ＳＰＥＥＤＩ」シミュレーションの存在を公表したのは、事故から二か月近くも過ぎた五月三日である。ふたを開けてみれば「ＳＰＥＥＤＩ」の放射能拡散予測は、まぎれもなく「計画的避難区域」の範囲図そのものである。事実を隠蔽し、その隠された事実に基づいて、小出しに後手後手の対策を打ち出してくる姑息な政府。最も放射線量の高い浪江町北西部に、何も知らされずに避難させられた町民や、事実を伏せられたまま高濃度の汚染地帯に、二か月以上も放置された飯舘の村民は、これから先どう生きてゆけばいいのであろうか。こうした無責任な政府の確信犯的対応は、まさに「棄民」と言う以外ない。そこには嘘に嘘を塗り固めた「安全神話」の延長線上で、未曾有の原発事故に対応してきた、政府・東電の性懲りもない姿が透けて見える。それは国策と称して推進を図って来た原発政策そのものが、「棄民」という土台の上に成り立っていることを、受け止めるべき証しでもあった。

その頃日音協県支部では、三曲の歌と詩の朗読を組み合わせて構成詩にすることでまとまり、歌の手直し・編曲に取り掛かった。タイトルは「望郷」。被災者の失われたふるさとに対する断ちがたい愛着と、ふるさとを奪ったものに対する怒りや、原状回復を求める切実な思いを表現したかった。歌三曲のうち一曲は、三〇年も以前に発表された反原発ソングの中の一曲。残り二曲が新作である。合宿で歌の検証と討論が進められ、後は従来のパターンで歌い手の南條・高山両会員に一任することとなった。

七月二日から開催された「第四四回はたらくものの音楽祭」は、香川県高松市が会場であった。第一回の「はたらくものの音楽祭」は、当時の「総評」によって組織された日本音楽協議会の結成記念集会として開催された。その後音楽祭は全国各地の都市持ち回りで開催され、今年の香川は四四回目に当たる。

福島県支部は二日目冒頭の、「スポットライト」枠で出演する予定である。出演者の現地到着はまちまちで、全員が顔をそろえたのは初日の夕刻であった。全員とはいっても開催地が香川だから、都合で参加できない会員が多く、出演メンバーはギター、ボーカル二名、ボーカル一名とピアノ、フルート各一名と詩の朗読が私であった。中でも私たち家族の組み合わせは、ボーカルが娘の美日、フルートが孫の珠萌と言う親子三代出演であり、いささか会場の話題になったもようである。

帰れない朝

まだ覚めやらぬうつゝの中で
今朝は伸び始めたジャガ薯の芽に
霜除けの土寄せをしようか
しとどに朝露を浴びた
さやえんどうの緑を摘もうかと
もしかしたらもう帰れないかもしれない
福島の日常をまさぐっている
次第に目覚めてゆく知覚が
仮の住まいの支給された布団の
感触を伝えているのに
日々遠のいてゆく福島の朝を
まだ手探りしている

団地の空は

今日も薄日の高曇り

…………………

……………………

構成詩冒頭で朗読する詩の一節である。まだ住み慣れない町の暮らしに翻弄される避難民のとまどいから、ふるさとへの希求と原状回復への強いねがいを、会場に訴えたい。一五分の出演時間中、そんな思いで演奏した。

「よかったですよ。涙出ちゃった。『福島だよ。福島が今演奏しているよ』って、ロビーにいる人みんな呼び集めて、モニター見てました」演奏を終わってロビーに出てきた私に、受付の席にいた女性がそう話しかけてくれた。決して満足のいく作品でも、万全な演奏でもなかったろう。しかしそんな受け止め方をしてくれる人が一人でもいたことに、報われる思いをひそかに感じていた。

4

五人のデモ隊

武蔵野の都営住宅では、同じ団地の被災者同士の交流が始まり、変わったものを作ったからとオカズの交換をし合ったり、出かけた先のお土産を届け合ったり、親しみを深めていた。そしてもっと愚痴や不満をこぼしたり助けあったりするために、形あるグループにしようという機運が生まれ、「被災者の会」結成に動き出した。

積極的なのはやはり女性軍で、ヤス子と浪江町の須藤さんが各戸を回って、意義目的を提起し話し合うことになった。家庭訪問から帰ってくると、どこそこでこんな話があった、あんな話があったと報告を受けるのだが、一、二度会ったことのある人でも、名前と顔がなかなか一致しなくて困るのである。ヤス子に言わせれば「積極的に外に出て人と付き合おうとしないからそうなる」のだそうだが、書くことでも曲を作ることでも仕事が常に山積しているので、外に出るのは運動のために自転車で走ることぐらいである。

かつてヤス子は日本社会党公認の村会議員として、所属する社会党が消滅するまでの二期八年間、活動してきた経験があり、その中で身につけたものが今に持続しているのだと、解釈する以外ないのだろう。私もまた現役時代は村の「社労農会議」（社会党・労働組合・農家の葉たばこ耕作者連盟）の中心にあって、選挙活動もやったし多数の同志を組織したりもしてきた。しかし人と知りあったり親しみを深めたりすること自体に、喜びを見出す方ではないので、どうやら性格的には外交があまり得手ではないのかもしれない。

原発事故被災者の会結成の集会は、七月の半ばに開かれた。田村市からおばあちゃん一人で避難して来ている田辺さん宅が会場になった。団地並び三棟の被災者は九世帯だったが、集ったのは女性ばかりで出席者も九名だった。別に会則を作ったり入会届を取ったりなどの面倒な手続きは抜きにすると申し合わせたが、「家庭訪問ではそれぞれの旦那さんともじっくり話してきたし、誰も反対の人はいなかったから、会員数は一七名になる」とはヤス子の弁。会長には家庭訪問に同行した須藤さんが選ばれた。

この話を伝え聞いた加納さんから、「当座の経費に」と二万円のカンパが贈られた。そこまではまだ良かったのだが、追っかけ前回に数倍する金額の寄付が届けられたのには、みんな面食らってしまった。

「仏壇の奥に仕舞いこんで忘れていた封筒を、偶然みつけたのよ。ちょうどこの時期に出てきたのは、きっと神様の思し召しだから、遠慮なく使って下さいよ」と加納さんは言うのだが、金額が金額なので何度かみんなで相談をして、「心だけ受け取って、やっぱりお返ししよう」ということになり、須藤さんとヤス子が加納さんを訪ねることになった。

「寄付する人はみんな善意で寄付してんのよ。だのに義捐金なんて、どこでどう使われてるのか分かったもんじゃない。だからぁ、それよりちゃんと顔の見える人たちに使って貰った方が、どんなに良いか知れやしないの。みんなでおいしいものでも食べて、早く元気になってちょうだい」それが加納さんの言い分だ。何度か押し問答のあげく、結局押し切られて帰ってくるほかなかった。

加納さんはその後も、「都の高齢者に交付されているバスや電車の割引パスを、被災者にも交付すべきだ」と、市長に手紙を出したり市役所に出かけて担当者にかけあったり、活発に動き始めていた。「折角被災者の会が出来たんだから、あんた方も直接市長さんに会ってお願いしなさいよ」という訳で、市役所に連れて行かれ市長との会見にまで持ち込んでくれたり、なんとも活動的な女性であり、しかも被災者にとってはありがたい奇特な存在でもあった。

国は東電の存続と原発政策の維持に汲々としており、加えて政権をめぐる国民不在の駆け引きが続いて、津波、震災の復興対策は遅々として進まなかった。原発事故被災者には一世帯当たり百万円と言う大金（?）の賠償を投げ与えて、くすぶる火種に水を掛けようと図った。しかし「脱原発」の民意は消しようもない広がりを見せて、運動のうねりは9・19明治公園集会に向かって、大きく盛り上がりを見せていた。

9・19の連鎖集会として、「原発のない福島を求める県民集会」が福島市で開かれたのは、七月三一日である。その集会のオープニングコンサートへの出演要請が、日音協福島県支部に届いていた。高松の音楽祭で発表した構成詩「望郷」が、一定の評価を得つつあるものとして、同じ台本で出演することになった。前日二本松市東和の隠岐津島神社々務所に一泊して、高松祭典の打ち上げと翌日出演の練習をした。当日は野外の舞台であり、プロのミュージシャンとの共演でもあって、プレッシャーはあったが何とかトリの役目を果たすことが出来た。デモ送り出しの演奏では、東京都支部や東北各地から駆け付けた仲間たちの応援を受けて、持ち歌である反原発ソング数曲を繰り返し歌った。集会参加者は一七〇〇名を越すという、福島としては久々の大集会であった。

会津坂下町、柳津町、福島運動公園などの避難所で避難生活を送っていた葛尾村の村民が、三春町に建設された仮設住宅に移転したのは、七月から八月にかけてである。さくら湖と呼ばれる三春ダムを取り囲むように八ケ所の仮設団地が作られ、葛尾で暮らした元の集落を基本とした区分けで、分散入居した。三春町の天然記念物として有名な「滝桜」のすぐ近くであった。

東京電力のパフォーマンス的節電騒ぎが、まだ尾を引いている八月末。仮設団地の集会所で開かれる、村の老人クラブ役員会に出席するため、ヤス子が一人で福島に出かけた。その集まりの終了後、犬の様子を見るために餌や牛乳などを買いこんで我が家に向かったが、着いてみるとその時ダイはいなかった。家の周りや畑の方まで探してみたが、出てくる気配はなかったと言う。

村の友達に電話して、翌日二人で裏山の方を探すよう約束が出来たので、その晩は我が家にヤス子が一人で泊まった。翌朝早く駆け付けたその友人が、車で家まで登って来ると、その車に犬がけたたましく吠えかけた。いつの間にかダイは戻っていたのだ。

ところが時を経た翌月、その犬がついに行方不明となった。私が一時帰宅をした際、車で近所や村中を捜しまわり、田村市の都路《みやこじ》・常葉《ときわ》町近辺まで尋ね歩いたが、犬の行方は杳として知れなかった。

「折角被災者の会ができたんだから、明治公園の集会に参加してみたら?」

9・19集会が近づきつつあったある日。娘からそんな提案があった。しかし会のメンバーはそのような集会にもデモにも、生まれてこの方参加したことのない人たちである。「それはどうかな」ヤス子も首をひねるばかりである。ともかく先ず、呼びかけるだけ呼びかけてみようという結論になった。

「話してみたら案外皆、乗り気だった。山崎さんなんかご夫婦で参加するって」

二、三日後のヤス子の報告である。それではということで、デモ用のタスキを作ることにした。一回限りのタスキだからできるだけ安上がりにと、障子紙を折って適当に切り張りをして、表に「脱原発」と筆書して大きくコピーした文字を張り付ける。背中の部分には「福島原発被災者の会」と小ぶりな文字も張り付けた。

集会当日、団地の一階エレベーター前のホールに集合する。みんなピクニックにでも出かけるみたいに、気軽で晴れやかな表情である。都合のつかない人もいて参加者は結局六名。バスと電車を乗り継いで、代々木駅から歩いて現地に向かった。

付近で昼食を取ってから明治公園に入る。そちこちにグループでたむろする人々の間を縫って、やっと日音協の陣取った一角にたどり着き、そこに加わった。日音協合唱団は東京都支部・メーデー合唱団などのメンバーで編成され、「あたりまえの地球」「風車の唄」そして福島の構成詩終曲「望郷」などのレパートリーが、繰り返し歌われた。

明治公園中央広場はすでに人波で埋まっていたが、開会が宣言され大江健三郎、鎌田慧、澤地久枝など著名人の挨拶が進むうちにますます立て込んできて、俳優山本太郎の挨拶がシュプレヒコールで終わる頃には、立錐の余地もない有様だった。公園を取り囲む樹木の下も、ぎっしりと人で埋まり、会場一杯に色とりどりの旗や幟がはためき、ゴム風船が揺れた。

「予想外の人数なので、デモの出発にも時間がかかるだろうし、解散地到着がいつになるか見当もつかない。被災者の会の人たちは年配者なので、集会が終わったらデモには入らないで帰るように言ってきたから」と娘が告げに来た。

「うん。皆デモは初心者だから、その方が良かったかもしれない」と答えながら私は、「それにしても折角作ったタスキは、骨折り損だったな」と心中少し残念であった。

デモには比較的慣れている私は予定のデモコースに参加したが、案の定出発時間は一時間以上も遅れた。出口を警官隊にふさがれて、身動きつかないほどギッシリ詰まったデモ隊は、餌箱の出口で押し詰まったドッグフードさながらであった。そんな中でも日音協の仲間たちは歌った。周りを取り囲む他のグループの参加者に、歌詞の入ったパンフを配り、「一緒に歌いましょう」と呼びかけながら歌った。町中を行進する時も歌った。解散予定地到着はすでに夜に入っていたが、それでも最後まで平和の歌を、反原発の歌を歌い続けた。

　集会後そのまま帰宅するようにすすめられた被災者の会の人たちは、来た道を真直ぐ駅に向かった。「折角作ったタスキだから、せめて駅まで掛けて行きましょう」そう申し合わせた五人は、それぞれ「脱原発」と大書したタスキを肩にかけて、彼らだけの小さなデモ行進をしたという。

「それから三鷹の駅前で、みんなで夕飯にカツ丼食べて帰って来た。今日の交通費も食事代も、全部加納さん資金から出したから助かっちゃった」

　そう言うヤス子の話を耳の外で聞き流しながら、私は頭の中で五人の小さなデモ隊を、しきりに思い浮かべていた。私の想念の中を、折からの西陽を浴びながら昂然とタスキをかけて通り過ぎるたった五人のデモ隊は、予定されたコースを整然と行進する六万人の大集団とはまったく別の、不思議な輝きを放っているように思えてならなかった。

5

原発事故賠償とは

原発事故当年の夏の終りのことである。八月も末近くになると、時々つくつく法師の啼き音を聞くことがあった。旧中島飛行機工場跡地に広がる中央公園では、油蟬やみんみん蟬が圧倒的に多い。しかし旧軌道跡に造成された遊歩道に入ると、急に人の数も少なくなり、つくつく法師が聞こえてきたりするのである。阿武隈山地では無数のヒグラシやエゾハルゼミがかしましいほど啼きしきるのだが、油蟬やみんみん蟬はまれにしか聞くことはなく、法師蟬はまったく耳にしない。久々に聞くつくつく法師は、疎開以前の幼い日の記憶が呼び覚まされるような気もして、妙に懐かしいのである。

東京電力から手に重たいほどの封書が届いたのは、その頃である。開いてみると分厚い冊子類で、原発事故にかかわる賠償金の請求書であった。五〇ページにわたる請求書類、一五〇ページを超す記入要領の解説書。それら書類はすべて「賠償」ではなく、「補償金」と表題されていた。他に解説書のダイジェスト版、添付すべき証明書類のヒナ型などの冊子類、挨拶やお知らせ文などの紙片がつめ込まれている。

それらをまとめて読むこと自体がわずらわしく、ざっと目を通した限りでは、「同意書」には『本補償の合計金額から仮払い金（避難に関わる生活支援）を控除する』こと、「請求書」には『補償請求は一回限りとする（一度支払った金額以上の追加請求、この請求書類に記された項目以外の請求は、受け付けない）』ことに同意し、誓約することを求めた文面が記載されている。

これではまるで、「補助金を出してやるから所定の様式で申請書を出せ」と言っている、お役所の態度とどこも変わりがないではないか。賠償を補償と読み替えることで、賠償責任から逃れられるとでも思っているのか。東電にとって被災者は、漠然とした被災者一般であって、人間でも国民でもないのだ。

原発事故によって暮らしの手段を奪われ、手詰まりになった当座の生活資金を得るために、当の加害者に頭を下げて有難く頂戴するなど、誰ができるか。やるかたない憤懣が心中にうずまき、このように居丈高な書類を送りつけてくる東電の態度が、無性に腹立たしかった。

「こんな書類は用なしだ」。請求書類は封筒に入れたまま書棚の引き出しに放りこみ、以来一度も手にしたことはない。

九月も末近くなると、膨大な請求書記入の煩雑さなどに批判が集まり、新聞にも「東電には加害者の自覚はあるのか。被災者の視点を欠いている」などの社説が出るようになった。「加害者に請求書を提出するというあり方は容認できない」という双葉町長の表明もあって、双葉町では独自弁護団の編成を進めるなどの報道もあった。しかし葛尾村を始め、他の町村は音なしの構えである。

東電に対する直接請求は出さない。ではどうすべきか。法律知識にとぼしい私には、すぐさまそれに代わる方策が見えてはこなかった。その間も様々な団体からの講演依頼、日音協都支部との演奏活動、雑誌やミニコミ誌などからの執筆依頼が次々とあり、それらをこなすのに手一杯の日々が続いた。演奏の台本を作ったり、雑誌の原稿を書いたりする合間にも、賠償請求に対する模索は続き、いつも心の中で靄のようにわだかまっていた。

「原子力損害賠償制度」、すなわち「原賠法」は一九六一年に制定され、今行われている損害賠償措置は、その法律に基づいて実施される。しかしこの法律は、「被災者の保護」と「原子力事業の健全な発達」という、相矛盾する二つの側面を目的として抱えている。この矛盾する二つの目的は、どちらに重点を置くかによって、つまり被災者救済を手厚くするほど、事業経営に支障をきたすという意味で、常に綱引きの関係に置かれている。東電に対する損害賠償の直接請求は、その裁量権を東電にゆだねることを前提とするので、「事業の健全な発達」の範囲内を限度として賠償が成立することとなる。直接請求を出させるために躍起となっている東京電力が、加害者意識を全く持たず居丈高な態度に終始するのは、この「原賠法」を錦の御旗のように掲げているからに他ならない。

加えて政府は事故直後の八月「原子力損害賠償支援機構法」を制定した。これによって東電は、六兆円とも言われる予想被害金額を抱えながら、事業破綻することもなくまた自らの資産を吐き出すこともなく、責任を政府に転嫁して、税金によって（つまり国民負担で）原発事故のリスクを回避できることとなった。この段階ですでに政府は、被災者救済を放棄し、増税と電気料値上げで負担を国民にツケ廻しすることによって、事故を起こした東電の救済と原発再稼働に、なりふり構わず踏み切ったと言わざるを得ない。

今被災者は正当に損害賠償を請求する、人間としての当然の権利を制限され、あるいは剥奪されている。仕事や生活基盤を奪われ、「暮らしのメドが立たない、手元にお金がない」という理由から、不利益は承知の上で東電に直接請求を出し、東電の意に添った賠償を受けざるを得ない立場に追い込まれている。たとえば被災者が請求書提出の段階で、東電職員である担当者に、わが意を主張することはできるだろう。しかし東京電力という巨大企業に対して、一被災者がどうして太刀打ちできようか。結局被害者は東電の意のままに、東電の定めたワク内で、泣き寝入りさせられる運命にある。ふるさとを追い出され、将来の生活設計も人生そのものをも奪われた、その代償として支払われるべき精神的賠償を、当座の暮らしの生活資金とするために、事故を引き起こした当の加害者から、唯々として受け取らなければならないのだ。

被災者の置かれたこのような状況を、なんとか打開できないものか。悶々とした迷路のような日々が続き、事故後一年目の3・11が迫っていた。様々な集会や講演会が開かれ、今までにない数の人々がそこに結集していた。雑誌などでも原発事故特集が組まれ、私はその集会やミニコミ誌への寄稿で、今置かれている被災者の実情を訴えた。しかしそれだけでは、何の解決策も生まれては来ない。

私は政府権力と巨大企業の圧力の下で、個々ばらばらに分断され、政府・東電の意のままに屈服を強いられている、多くの被災者を救済する運動が、全国的に起こされることを期待した。しかしそれがもし叶わない場合、せめて相双（相馬・双葉）地方だけでも運動化できないかと考え、長年の反原発運動の同志でもあり、双葉地方のまとめ役でもある石丸小四郎に綿々と思いを書き連ね、手紙を送った。返って来たものは相双地方の様々な動きに関する資料と、「自分としては『東電幹部の刑事告発を求める運動』に全力をあげる」という、意思表示であった。それはそれで大切な運動であることは間違いないにしても、視点の方向が全く違うことがわかり、自分の運動は自分が作り出す以外ないことを思い知らされた。

双葉地方で反原発の動きが出てきたのは、一九六〇年代半ば頃のことである。

「小島君という人は居るか？」と、郵便局窓口に訪ねてきたのは、野太い声の色浅黒い男であった。「少々頼みたいことがある」というので、休憩室に移って聞いてみると、双葉町町会議員の岩本忠夫（後に県議・双葉町長）と自己紹介をした上で、

「東京電力は現在双葉・大熊町で原発に着工しているが、この頃富岡、楢葉町に第二原発を建設したいと画策している。このままにして置いたら、双葉郡全体が原発の町になってしまう。それを阻止するため広範な組織を作って反対してゆきたい。ぜひ君に手伝ってほしい」

と要請された。当時の私は原発の問題にさほど関心は持ってはおらず、「原発は原爆の親戚」程度の認識しかなかった。しかし「双葉地方を原発銀座にしてはならない」という彼の熱意にほだされて協力を約束した。

岩本忠夫の奔走もあって、その後三か月ほどして組織が発足することになった。名称は

「双葉地方憲法を守る会」とし、岩本忠夫委員長、私が事務局長という顔ぶれになった。原発反対を目的としながら、会の名称をカムフラージュしなければならないところに、この地方の複雑な事情があった。

当時の反原発運動は農地を守りたい農民が中心で、浪江町の「棚塩反対同盟」が根強い結束を続けていた。そこで最初に取りくんだのが、富岡町毛萱地区の「原発に土地を売らない」グループと手を結んだ運動だが、東電の札束攻勢に次々切り崩されるという、苦しいスタートだった。その内「双葉地方労働組合協議会」との結びつきを強め、全郡的な「原発建設反対」署名を進め、富岡変電所新設では全県動員で大型トランス搬入阻止のたたかいにも取り組んだ。

私が事務局長をやっていたのは、三年くらいだったろうか。その事務局長を退任したのは私が労働運動に専念するようになり、若手活動家に席を譲るためである。

その後会の名称は正式に「双葉地方原発反対同盟」と変わったが、住民は事故があっても知らされないまま、政府や地方自治体、マスコミなどによる原発の「安全神話」が蔓延していった。活動家は次第に孤立し、苦しいたたかいを強いられた。岩本忠夫も一度は県議の座を得て、県議会では激しく県や東電を追及したが、以降は東電の根回しにあって何度も落選の憂き目にあった。

その後岩本忠夫は、社会党を離れ双葉町長を目指すところから、混迷と錯誤の道を求め始めた。「反対同盟」の役員も変遷があり、代表は石丸小四郎に代わって現在に至っている。「原子力損害賠償紛争解決センター（ＡＤＲ）」が設立されたのは、二〇一一年九月である。当初私は「いずれ政府・東電の意を体した御用機関だろう」と思い、さして注意を払ってはいなかった。しかし自分の手で何とかしようとすれば、道は自分の手で開かなければならない。ある時参考意見を得ようとして、双葉町の独自弁護団担当職員と電話で話しているうちに、「紛争解決センター」への集団申立てを進めている「原発事故被災者弁護団」の存在を知り、早速連絡を取ることにした。何度かの電話連絡、事務所へ出頭しての弁護団幹部との話し合いなどを通じて、次第に問題点がはっきりしてきた。

①「紛争解決センター」が単なる仲介機関であったとしても、そこにこちら側の意を体する弁護団が介在すれば、我々の要求をある程度通すことが可能ではないか。

②被災者側として組織を作り、集団申立という形態をとれば、少なくとも巨大企業である東京電力対被災者一個人という屈辱的構図は、解消できるのではないか。

③賠償請求が遅々として進まない現状からすれば、加害者である東電に直接請求することを、不本意とする人もかなりいるのではないか。

その人々を組織化することは、決して不可能ではない、と思われた。

私自身は武蔵野市に避難しているので、福島・三春町の仮設団地の動きや状況は、なかなか掴みにくい。そこで親戚や知人を通じて、まず情報の収集にとりかかった。様々な情報を総合すると、

「弁護士や司法書士の説明会は常時開かれているが、出かける人は少ない」

「東電に直接請求したが、特殊な個人的事情は全然受け入れてくれない」

「結婚によって精神的賠償を打ち切られたが、『紛争解決センター』に持ち込んだらすぐに解決した」

「二、三の人が個人的に、集団申立の運動を起こしたが挫折した」

「被災者組織が作られ、署名活動などは広汎に取り組まれたが、賠償の話は立ち消え状態にある」

などである。

村の被災者組織の幹部は多くが私の知人であり、以前の同志も加わっている。その団体は郡内に広く下部組織を持つ「原発被災者義損の会」で、「被災者生活補償法」の制定、避難居住地選定の自由、住居費の国庫負担などを求め、署名活動を進めていた。村組織の代表は旧知の村会議員・松本信弘である。「相変わらずやっているな」と内心ニヤリとしながらそう思った。

6 一年四か月目の一時帰宅

ヤス子がクモ膜下出血を発症したのは、原発事故当年の秋であった。
真夜中、ふいに揺り起こされた。ヤス子が「頭が痛い。痛み止めはないか」と、くぐもった声で言う。「一昨日あたりから少し頭痛はあったが、今夜になったら耐えられないくらい痛くて眠れない」と訴える。私は一〇数年前に痛風で入院し、その後症状は出ていないが、薬は今も継続して服用している。その中に鎮痛剤があったはずだ。豆電球だけの薄暗い部屋で心覚えの引き出しをあけ、袋から薬を取り出して渡す。それを飲んで三〇分ほどすると、ヤス子の呼吸が次第に寝息に変わった。一〇月一四日深夜、午前一時を回っていた。

翌朝、ヤス子はぐっすり眠っていた。朝ドラが始まる時間になっても、いつになく眼を覚ます気配がないので、「お粥でも作ってやるか」と起きだして炊事場に立つ。粥にとろみがついたところで、卵を落してかきまわす。その時刻になっても、まだ起きだす気配がないので火を止めた。

午前中パソコンに向かって書き物をした。正午近くなってもまだ眠っているので、さすがに心配になり声をかけて起こす。粥をあたためて食卓につかせた。無口ではあったが、いつもと変わった様子もなく食べ終わり、再び床についた。

午後「少し出かけてくる」と断って自転車を引き出す。例によって運動不足解消のための公園めぐりである。この日は秋の気配がただよい始めた野川公園に向かう。片道一〇キロ近くはあるだろうか。三時間ほどで帰宅した。

ヤス子は床を上げて起きていた。「どうしたのか」と聞いてみると、「隣の加納さんがやってきて『病院に行かなきゃだめじゃない。寝てただけじゃ治らないよ』と言って無理やり近くの病院に連れて行かれた」とのこと。「それでどうだった?」と聞くと「風邪だと診断され、薬を貰って帰ってきた」という。その晩は処方された薬を飲んで寝についたが、後から聞くとその日一日のことが、粥を食べさせたことも、病院に連れて行かれたことも、ヤス子の記憶からまるっきり欠落している。それが病気のせいなのか、鎮痛剤のせいなのか、今もってわからない。

翌日は普通に起きて、午前中はコミュニティセンターの展覧会に出品する、パッチワークにアイロンを掛けていた。その最中に背骨から脳天にかけて、今まで経験したこともない激痛が走ったという。そのまま倒れこんでいるヤス子を見て、初めてこれは只事ではないと思った。

風邪と診断された病院に再度連れて行っても仕方がないので、青梅街道沿いの島崎記念病院に向かう。病院入口でヤス子を降ろした。車を駐車場に入れる間に、ヤス子は自分で受付を済ませていた。ちょうど杏林大学から脳外科の医師が出張して来ていたため、ただちに診察を受けて「クモ膜下出血の疑いあり」と診断され、救急車で杏林大学病院に移送された。そこで初めて「脳動脈瘤破裂によるくも膜下出血」と診断が下された。その晩遅く手術が開始され、明け方近くまでかかってやっと終了した。

その日から連日の、病院通いが始まった。入院期間中、雨の降った日は数日程度だったので、ほとんど自転車で通った。都営住宅からの距離は、おおよそ野川公園くらいまでであった。まだ講演の依頼も日音協都支部との演奏活動も、さほど多くはない時期だったので、病院日参が仕事になった。一か月と七日を経た一一月二二日、無事退院となった。後遺症はほとんど出なかった。

ヤス子が病み上がりだということもあって、冬中一度も村には戻らなかった。国道から我が家まで、一五〇メートル近い距離があるので、膝までもあるだろう深い雪を踏み越えて、家まで到達しなければならない苦労を思うと、二の足を踏む気持ちもなくはなかった。

雪解けの終わった三月下旬に、この年初めての一時帰宅をした。畳に散らばる鼠の糞に掃除機を掛け部屋の整理をしただけで、庭にはびこる枯草はそのまま放置して日帰りとなった。あたりに雑草が伸び出す時期にもう一度来て、家の周りや道の手入れをしなければなるまい。「次に来る時はネズミ捕りを買って来るか」。それが結論めいた話だった。

その年二度目の一時帰宅は、原発事故から一年四か月が過ぎた七月初旬。駐車場に車を止めて外に出ると、野菜畑の周囲に張り巡らした電気牧柵が破られ、畑一面猪に掘り返された跡が広がっていた。事故以来電気は切ってあったものの、去年はまだ猪も電流に警戒してか畑の中に入っては来なかった。その牧柵が数個所で破られて電線が垂れ下がり、引きずり倒された牧柵が畑の中で横倒しに転がっている。多分土中に棲息するミミズを、片端から掘り散らし食い荒らしたに相違ない。掘り返された黒土が、畑全面に無残な凹凸をさらしている。

前庭にまわると庭全体も猪に荒らされていた。比較的大きな庭木はその周りが深々と掘り返され、小さな庭木は根こそぎ押し倒して、枝や幹までへし折られている。ひっくり返された庭園灯が横倒しに道をふさぎ、半透明のプラスチックの破片がアスファルトに散らばっていた。

家の中では更に悲惨な光景が待ち受けていた。前回はまばらに落ちていた程度の鼠の糞が、今回は畳一面敷き詰めたように、居間にも座敷にも真っ黒に堆積していた。早速廊下やサンルームの戸を開け放ち、ヤス子は部屋の掃除に取り掛かる。私は玄関先や植え込み手前の庭先などに生い茂った雑草を、鎌で刈り取る作業を始めた。

玄関正面の庭隅に、樹齢七〇年を超すモミジの古木がある。戦後この地に移住し家を建てたその記念の心算でもあったろうか、父親がモミジの若木を山から掘り起こしてきて植えたものである。毎年その枝先を切り詰め、人の背丈に満たない大きさに仕立てたのは私である。一年以上も手入れをしない間にひこばえが全体にはびこり、育ち負けた他方の枝には枯れが入る。わずか一年の手入れ不足が、たちまちにして樹形を損なうのだ。赤松の植木も不揃いに新芽を伸ばし、眞っ茶色の葉をつけたまま立ち枯れている木もある。二〇アール近くの広い庭の植木は、ことごとく無残な有様であった。

郵便局現役時代には、多忙な日々の合間のわずかにみつけた休日に、道の両側に植えた四〇数本の平戸ツツジやどうだんツツジを、たった一日で丸く刈りこんだり、松の新芽が伸びる時期には一〇数本の赤松を、一日半で整枝したり刈りこんだりしてきた。両腕に残るにぶい痛みをさすりながらも、形を整えた植木の姿にひそかな満足をかみしめたものだ。

そんな風にして育て、手入れをしてきた庭木である。今庭先を埋め尽くして生い茂る雑草に夢中で鎌をふるいながら、何の喜びも満足感もない作業に没頭しなければならない自分が情けなく、込みあげる悔し涙を押しこらえるしかなかった。

夕方近く家の内外で放射線量を測定する。外回りでは玄関先敷石付近1・5μSv（マイクロシーベルト）。庭先植木根元1・7μSv。西側杉防風林下2・8μSv。裏庭落ち葉堆積付近2・45μSvであった。屋内では居間掘り炬燵周り0・6μSv。サンルームガラス戸内部0・9μSv。炊事場流し付近0・65μSv。二階寝室ベッド上0・8μSvであった。（測定機種・NEXTEC）

その日は遅くなったため、わが家に泊まる以外なかった。ヤス子は早々と二階に上がり、前回と同様ベッドに寝た。私は掘り炬燵の脇に0・7μSvの座布団を並べ、押入れから0・6μSvの毛布を引き出し、上に掛けて横になった。

夜中にふと目覚めた。紙でもこするような音がしていて、そのかすかな音が静まり返った部屋全体にひびくのである。電燈をつけて見てみると、夕方仕掛けたネズミ捕りに鶏卵ほどの子鼠がかかっていて、粘着剤のついていない厚紙の端を爪先でひっきりなしに引っ掻くのだ。自分が仕掛けたネズミ捕りだから、そこに鼠がかかっていても不思議はない。しかしその音が妙に耳について眠れなくなった。「これから先この家に泊まることなど、もうできないのかも知れない。この家や家の周りの山や畑に放射能が充満し、そこに居座っている限り、ふるさとに帰ってくることなど、決してできないのではないか」そんな思いが頭の中で堂々めぐりして、どうしても寝付けなかった。「カシカシカシ・カシカシカシ」鼠がたてるかすかな音は、間断なくいつまでも続いていた。

帰路は村の中心部を通り、県道三春～浪江線を経て、船引ＩＣに出るコースをとった。村のメインストリートとはいえ、たかだか三〇数戸の家並みである。人っ子一人いない見捨てられた集落は、人の声も牛や鶏の鳴き声もせず、車の往き来もないまま、異様に静まり返っていた。村にたった一つある信号を左折すると、上手に向かって数軒先に、七歳違いのヤス子の弟が経営する石井食堂があった。

「清の奴毎日帰ってきているって話だから、ちょこっと寄って見っか」

ヤス子の提案で弟の食堂に立ち寄った。店の道路側はシャッターをおろして戸締めである。脇道を降りて地下部分の一階にまわる。

挨拶もそこそこに「毎日帰ってきてたんでは、一時帰宅が常時帰宅になっちまうんでねぇか」私が言うと、「孫を高校さ送って、それから仮設さ帰っても仕事は何にもねえからな」と答える。今は仮設団地の一角で仮の食堂を出してはいるものの、娘夫婦と孫が取り仕切っているので、本人はまったくの楽隠居である。

「学校出るときは仮設さ帰る気してんだが、ダメなんだな。自然にハンドルが葛尾さ曲がっちまうんだでば……」

清はそう言って笑った。お茶を入れて出されるとヤス子が早速言う。

「ここの簡易水道の水、使ってんであんめな」

「水ぐれぇ買って来てるわい」

「タラボ（タラの芽）だの茸だの、人から貰って食ってたんではダメだど」

「茸だってタラボだって、山さ出てさえいたら誰だって取っちまう。取りてぇ奴は我慢してなんかいねぇ。イノハナなんかおめさん、観光地の出店でこのぐれぇの奴（指で径二〇センチほどの丸を作り）だったら、四千円だの五千円だのって売ってんだど」

「それは原発事故前の話だべ」

「今だって『呉れっか』なんて、茸を目の前さ見せらっちゃら、俺ぁ食わねぇでいらんにぇもんな。去年なんかこのぐれぇの（一五センチほどを手で示して）松茸貰ってよー。丸焼きして食ったら。いやーその旨ぇのなんの……」

「これだから困っちまうもんな」

そんな姉弟のやりとりがしばらく続く。そこで私は言った。

「放射能を甘く見てはだめだ。これから先どんな障害が出てくるか予測もつかねぇ。こ

のままだったら、福島県はまるで人体実験場だど」すると清は、

「いいって。俺は今までやりてぇことを、やりてぇようにやって暮らしてきた。食堂だって奴らに後継ぎさせたし、今更命なんかどうなったって後悔なんかしねぇ」と言う。

いい加減で話を打ち切って帰途についた。

「何言ってやったって聞くもんでねぇ」とヤス子は車の中でぼやく。しかし私はそれには答えず、野川の沢の最奥の高台で百姓をやっていた清が、一念発起して村の中心地に乗り込み、一代で食料品店兼食堂を起こして、それを娘夫婦に後継ぎさせた満足感と、だから「これから先どうなっても悔いはない」というその気持ちが、それとこれとは話が違うと一方で思いながらも、妙に分かる気がするのである。

そして「そこに茸やタラの芽が生えてさえいたら、ダメだと言われても見境なく取っちまう」という、山で暮らす人間の本能とでもいうべき習性を、くりかえし思った。その茸だってタラの芽だって、そして清の食堂だって、そこで必死に生きてきた人生そのもので、一切合財を一瞬で奪い去ったのが「原発なのだ」という事実と認識を、どうして共有できないのか、そのことが無性に悔しかった。

7 雪降る結成総会

あれは一九八〇年前後のことである。正確な年次は記憶していないが、年の瀬も押しつまった冬の最中であった。

遅番の勤務を終えて郵便局を出た時は、夕方から降り出した雪が夜に入ってますます激しさを増していた。局から自宅までは国道399号の峠道をさかのぼる。雪の季節は常時除雪をするので、道路の両側は背丈に近い雪の壁である。

行程中最も傾斜のきつい直線の登りにかかった時、坂道のてっぺん付近に対向車のライトがちらりと見えた。すでにこちらは急勾配を三分の一ほど登りかけている。スノータイヤは履いているが、登りの坂道で停車したらスリップして発進できない。

対向車のライトが右にぶれた。急坂のてっぺんには退避場所があり、多分そこに入ったものと判断し、アクセルを逆に強く踏んで登り続けた。ところが一旦退避場に入ったはずの車が、再度路上に戻って直進して来る。アッという間もなく、大型車のライトがのしかかってきて、右前部に正面衝突。こちらの車は一回転し、後部車輪が側溝に落ちて停止した。対向車はさらに二〇〇メートルほど直進してやっと止まった。

その対向車は旧知の三〇代・畜産農家、松本信弘の農業用ダンプであった。衝突はしても、雪のせいで軽く滑って一回転したので、車は右ライト付近がつぶされただけで、そのほかにさして損傷はなかった。身体の方も右腕と首筋に、痛みはあるものの外傷はなかった。ドアを開けて外に出ると、駆け寄ってきた信弘の妻が、肩にすがるように背後からしがみついて「大丈夫？　大丈夫？」と何度も繰り返した。

信弘は付近の家に電話を借りに走った。電話を借りたその家に連れ込まれ、「ケガはないか。ケガはないか」とそればかりを何度も尋ねられた。やがて急を聞いて駆けつけたのは信弘の両親であり、父親は村議会議長である。「あとの始末は何とでも付けるから、とにかく病院に行ってくれ」ということで、ただちに父親の車で浪江町の病院に向かい、そのまま入院することとなった。

二週間ほどの治療で退院してきた。早速やってきた信弘は、「一旦退避場に入ったが、スリップして止まりきれず、また道に戻った。左側ギリギリを走って避けようとしたが、ぶつかってしまった。もっと左に寄れば、こっちの車が左下の田圃に転落するので、どうしようもなかった」と事情を告げた。車はすでに修理して戻ってきていた。「入院費用は一切こちらで持つ」ということなので、「万一後遺症が出た場合は必ず責任を持つ」という約束のみを文書に書かせて、決着することにした。

それ以来信弘はちょくちょく顔を出すようになった。私は村の社労農会議（社会党・労働組合・農民《主として葉タバコ耕作者の共闘団体》を統合した組織）の事務局長を、二〇年近くも続けてきた。相手はそれを承知で近付いてくるので、来れば必ず政治の話になった。自民党一色の村の、議長の息子である。農民の今置かれている立場、社会の仕組みや農協組織のありようなどの話題には、適当に調子を合わせる風もなくはないが、受け答えは常に的確だった。一回りも年下なのだが、「兄貴、兄貴」と再々話しに来るのであった。

ある時「周りの仲間を集めて、農家の現状や社会の仕組みなどの学習会をやらないか」と提案してみた。「ぜひやりたい」と乗って来たので、月に一度一〇回シリーズでやることになった。私にしても農家の若者と接触するチャンスでもあり、今後の運動に結びつける機会でもあるので、乗り気になった。

三日ほど後であったろうか。予告もなく信弘ら六、七人の若者が、バックホーなど農用重機を持ってやってきた。「みんなで集まるには小島さんの駐車場は狭すぎる」と言って空地の草薮に山側から土を運んで地ならしをすると、半日がかりで一二、三台分ほどの駐車場を完成させてしまった。

一〇回予定の学習会は、七、八回も続いたろうか。その都度レジメを作って、二時間ほど私が講義し、その後は定例のように飲み会となった。講義の内容について勝手な議論を交わしながらの飲み会だったが、若者たちにはこっちの方が楽しげな様子だった。その内議長だった信弘の父親が村長になったこともあって、彼らの足は自然に遠のいた。しかしその時生まれた結びつきは後のちまでも尾を引き、後年信弘が父親に代わって村会議員となってからも、常に反主流の立場を貫くこととなった。


「もしやるとしたら何もかも捨てて、全力で取り組まなければ、職務は全うできない。だから決して無理強いはしない。どちらを取るにしても自分の意志で決めることだ」

一九八七年の春先、買い物帰りの車の中で、妻に言った。

葛尾村社労農会議は、社会党員はたったの二人。労働組合と言っても全逓・全林野・福島交通などが主力で、数にしておおよそ三〇名ほど。それに自治労と教組が組織の一員として加わっていた。委員長は「葉タバコ共闘」から出し、私は二〇年近くもの間事務局長を続けてきた。この組織で県議選・知事選・国会議員選挙をたたかった。住民の大部分が農家という山の中の小さな村で、一軒一軒訪ね歩いて、同志としての人間関係を作って来た。村長を始め村会議員の全員が自民党という村当局を相手に、まれには互角のたたかいに持ち込むこともあった。双葉郡内では全林野の拠点と言われる楢葉町に次いで、社会党の得票率はおおむねいつも第二位であった。

全員自民党の村議会に、何とか社労農の代表を送りこみたい。それはこの組織の悲願であった。しかし村中親戚でがんじがらめの山村である。それにお金がからみ、金が唯一の戦術という村会選挙でもあった。社労農組織で擁立すると言っても、労働組合員自体が親戚にしばられるので、それは架空の話に近かったのかも知れない。何度も話し合いを持って候補者擁立を図ったが、総論は賛成でも誰一人自ら踏み切る者はいなかった。

白羽の矢は、妻にしぼられていった。遠い親類・縁者はともかく、兄弟・いとこ・叔父叔母などの身近な親戚からは、議員に出ている者はなかった。しかも終戦後の一時期、義理の兄が社会党公認で三期ほど議席を持っていた関係もあって、違和感はないという声もあった。

説得は私にまかされたが、本人の覚悟がその後の活動の基礎となるから、説得という形で結論を出す気はなかった。つまるところヤス子は、自らの意志で出馬を決意した。告示まで余すところ一か月。以降連日の支持者廻りが始まった。

支持者と云っても国会、県知事選など、大きな選挙の支持者である。村長・村議会など村内の選挙は、まったく別の様相を呈する。しかも当選すれば村始まって以来の女性議員である。「女なんか木尻（囲炉裏の下座）さ、縮こまっているもんだ。出しゃばって村会さ出る奴なんか、落っこちればいい」同じ女性の間からさえ、そんな声が出た。事実金権選挙の真っ只中で、「カネを使わない選挙」を標榜するのだから、世間的には誰も当選圏に入るとは思われなかったに相違ない。

しかし一方では、村提案の議事にただ手を挙げて賛成するだけという、現職への不満もあって、支持者の中から家族票三票の内の一票、五票の内の一票といった形での支持も集まり始めた。結果として八七票、一二議席中九番目ですべりこんだ。選挙期間中ちらし等によって配布した公約は、次の通りである。

①　定例議会の度に必ず質問して村民の声を伝える。

②　議会開催ごとにニュースで議会の模様を報告する。

③　選挙以外にも必ず村を回り村民の声を聞く。

当選以降はその公約を着実に実行し、只の一度も欠かしたことはなかった。議会の模様をその都度伝える「社労農ニュース」は、画期的なものとして迎えられ、多くの村民に支持された。ヤス子が直接ニュースを手配りする場面や、定例議会の質問原稿を作る場面は久米宏の「ニュースステーション」で取材され、全国放送されるといったエピソードもあった。

二期目の選挙は、定員一二名に対し候補者一三名（落選は一名）という接戦となった。保守系無所属の彼らは無差別の金権で、「小島票を他の候補者全員で切り崩す」との申し合わせがあったという噂が飛び交い、事実終盤そのような動きも見え出したため、「ヤッコちゃんが危ない」という危機感が広がった。その結果予想外の一三〇票、トップ・タイで当選したのである。

二期目も公約は確実に実行してきたものの、次期選挙一年前に、日本社会党が歴史から姿を消した。拠って立つ党そのものが消滅したのである以上、これ以降政治に携わる理由はないと考え、引退を決意した。以上は妻ヤス子が村議会の議席を得て、活動した経緯である。


二〇一二年初秋のある日のこと、集団申立てを個人的に呼び掛けて挫折したという、元高校教師に、面識はなかったが前後の事情を聞くため、その本人に電話した。

「賛同者は一〇人近くいたんです。みんなその気になっていた。だから弁護士とも連絡をとった。そのうち女性軍が区長と話をしたら、『いずれ村でやることになっているからもう少し様子を見た方がいい』と言われた。『だからやめる』と言ってきた。賛同者の多

葛尾村／2012 年 8 月（本文写真はすべて飛田晋秀氏提供）

あらゆる所が立ち入り禁止となる

通行禁止を示す浪江町と葛尾村の境界

雑草に覆われるトラクター

1 年 4 か月で田・畑が原野となってしまった

職員も避難を余儀なくされ閑散とした村役場

くが女性だったので、諦めるしかなかった。その後村から何らかの働きかけがあるかと思ったら、今もってなんにもない。私の動きは、村につぶされた。今でもはっきりそう思っている」

そこで私は「こちらで組織化の呼びかけをする」ことを告げ、協力を求めた。脱落したといわれる女性たちは、ほとんどがヤス子の仲間であり、私自身とも親しいので、こちらが動けばついてくることは間違いあるまい。私が自ら乗り出しなおかつ挫折したのでは、後のちまでの笑い草だ。「何としてでもやり遂げる」この時初めてそう覚悟した。

集団申立ての呼びかけは、村・仮設住宅の全戸に配布することとし、呼びかけ人は私とヤス子の連名とすることにした。私の長年の反原発・社労農運動と、二期八年にわたるヤス子の議会活動の実績によって、一定の村民から支持が得られることを期待してのことである。しかし今までの経緯で、集団申立ての動きを「村につぶされた」と感じている人がいる限り、その点を踏まえた運動の組み立てが必要であろう。出発点でもっとインパクトのある手だてを考えるべきではないか。そのためには夫婦連名の呼び掛けに加えて、あらかじめその運動への賛同者を募り、発起人として呼びかけのチラシに載せる必要がある。

事故後二年目の九月初め、村当局に会見を申し入れ、村長・総務課長との対談を持った。「今の原発賠償のあり方は、被災者に著しく不利である。そのため《原子力損害賠償紛争解決センター》に対して、集団で申立てをするよう考えている。一部に『村が申し立ての運動をやる』という噂があり、もし村が本気でやるのだったら我々も全面的にそれに同調するが、村としての見解を明らかにしてほしい」と申し入れた。それに対して村当局から、

「被災者が不利な立場にあることは認めるが、損害賠償は個人の財産に関わることであり、村として申立てに関与するつもりはない。そんな噂があるとしたら何かの間違いである」と回答された。私は「村として集団申立てに関わらない」という点を再確認した上、「だとしたら我々は村民の自主的な運動として、集団申立ての組織作りを進める。被災者が不利な立場にあることを認めるなら、これも被災者救済の一環であり、村として最大限の支援と協力を要請したい」と申し入れたが、言を左右にして確答は得られなかった。

一〇月に入ると村長選挙に突入した。現役に対抗して出馬したのは、村の被災者組織代表、松本信弘である。「政府・東京電力に対決し、被災者の利益を守る」と訴えた。私は選挙期間中何度も現地に入り、選挙応援のかたわら集団申立ての発起人獲得を進めていった。

村長選挙はかなり引き離された票差で敗れたが、集団申立ての賛同者は思った以上の数に達した。発起人はネームバリューのある人物を揃えることによって、村民が安心感を持

って呼びかけに応じられるよう配意した。その結果現・元を含めて村会議員が四名、元村役場総務課長が二名、元公民館長一名、行政区長三名、仮設団地自治会長二名、元婦人会長・元民生委員・元教員・元営林署職員・会社員など一七名で発起人会を構成することができた。一一月に入るとそれら連名の呼びかけを、仮設団地全戸に配布した。

三春町に集中する葛尾村の仮設住宅は、さくら湖（三春ダム）を取り囲むように数か所にわたって散在する。その中で最も戸数の多い地区が、村役場出張所のある貝山仮設団地である。その貝山団地集会所で、原発事故被災者弁護団の第一回現地説明会が開かれたのは、一一月一八日である。来村した弁護団は団長始め八名の弁護士で、集まった村民は五〇名ほど。発起人を代表して私が趣旨を説明し、弁護団の団長が総括的な挨拶を述べた。質疑応答の中で保守系村会議員の一人が来ていて、「原発賠償については、村が対策を進めている。なぜこのような個人的な動きをするのか」と詰問する口調で強硬に質問をしてきた。私は村長会談の経過を説明した上、「現行法での原発賠償が、被災者に著しく不利であることは、村当局とも意見一致している。村が直接関与しないと表明したので、自主的な運動として進める以外ない」と答弁したところ、発言者はそっぽを向いて押し黙ってしまった。

午後からは個別の相談会に切り替えて、担当の弁護士が一人一人の事情を聴取したり、相談に乗ったりした。発起人会は別室で会議を持ち、来年一月に予定する結成総会に向けて、会員拡大の運動を起こすことを申し合わせた。行政区長をしている発起人の一人から、「村の区長会長が区長会の席で、『原発賠償については村が対策するよう準備しているから個人的な動きはしないように』と発言している。村長もその場にいた」と報告があった。

現地説明、発起人会を終えてから帰京した後村役場に電話して、総務課長に現地説明での議員発言や区長会長の言動などについて、「村当局も承知でやっていることか」と抗議した。

「そんなことは絶対ない。もしそのような発言があったとしたら、受け止め方に間違いがあるので、こちらから当人に十分説明する」と答えた。区長会の場に村長がいたことは伏せたまま、「行き違いのないよう注意して貰いたい。裏腹な対応をしているとしたら、二枚舌になるからな」とクギを刺した。

一二月の半ばに再度発起人会を開き、入会者数

仮設住宅は６畳と４畳半の広さ（2011. 6. 6）

の中間集約をした。会員数では一〇〇名を越したが、世帯数では三八世帯である。結成総会を一月二六日開催とし、それまでに更に会員拡大を図ることを申し合わせた。

結成総会当日の二〇一三年一月二六日は、前夜から降り続いた雪が三〇センチほど積もり、午後になってもまだ降り止まなかった。会場の三春町・中妻公民館で、午後一時から総会が開かれた。雪にもかかわらず七〇名ほどの会員がつめかけた。総会当日現在の会員数は二二〇名。世帯数で一〇五世帯に達していた。

私の発起人会代表挨拶を皮切りに、被災者弁護団代表の挨拶があり、規約提案の後若干の討論があって、可決決定された。役員の選出では、現地から離れて避難している私としては、「結成までが自分の仕事」と考えていたが、最終的には代表を引き受けざるを得なかった。副代表には行政区長から一名、元村会議員から一名が選出された。事務局長には仮設団地の自治会長、事務局次長には先に呼びかけ段階で挫折した元高校教師、会計には元村役場総務課長が選ばれ、ヤス子を含めて残りの発起人会メンバーは、全員幹事と会計監査に入ることとなった。

総会終了後会場出口で発起人会から取材に入っていた、新聞記者と立ち話になった。

「盛会でしたね。おめでとうございました」

「なーに、小さな村の小さな組織ですから……」

「とんでもない。組織率から言ったら大変なものです。『誰かが先頭に立って強力に引っ張ってくれないと、こういう仕事は成功しない』と言う人もいて、皆さん感謝してましたよ」

記者の言う組織率で見れば、葛尾村の総世帯数四七〇に対して、一〇五世帯は二二・五％に当たる。避難先の武蔵野市を例にとれば、七万世帯に対する一万五千世帯の組織が生まれたのと同様である。このような結果になったことは、今この状況の中で、こうした運動が求められている証しであるのかもしれない。

外の雪はまだ降り続いている。降り積もる雪の深さほどに、多分前途は多難なのであろう。結成総会にこぎつけた安堵と、これから先の苦難の予測が綯い交ぜになって、胸に迫る思いであった。

8

斎場「洸琳」にて

私が初めて野生の茸に出会ったのは、小学三年生の秋である。母方の実家に疎開した翌日、祖父に裏山を案内された。茸の生える林の斜面は、外国童話の挿絵にでもありそうな、メルヘンチックな夢の世界を広げていた。

ネッコモダシ（黄金ホウキダケ）と教えられた茸は、落ち葉の間から黄色い珊瑚状の突起を突き出していた。赤茸（サクラシメジ）は山の斜面に点々と道をひいて、ピンクの傘を広げていた。千本（釈迦）シメジは、大人の握り拳ほどに太い根っこから、無数の小さな白い茎と傘を群生させていた。

中で最も心ひかれたのが、イノハナ（香茸）である。地味な茶鼠色に怪異な襞を持つ、その茸に魅せられた理由は、一体何だったろうか。まだ食べてもみないその茸が、類いまれな香りと豊かな味を持つことなど知る由もない。どうしても自分でその茸を採りたくて、祖父の前後を小走りに探し廻ったが、都会育ちのひ弱な子供に、容易く見つかるはずもなかった。

祖父と一緒に茸採りをしたのは、裏山一帯を歩き廻ったその時一度だけであった。代わりに祖母が私を連れ歩いた。祖母の行動半径は広く、川沿いの道路を四、五キロも遡って、それから山に入る。祖母は茸の出る場所や時期を知っていて、真っ直ぐそこに行きつくと畑から作物でも収穫するように、採り集めるのである。移川の支流を源流までたどって稜線に出ると、高い木の梢に覆いかぶさる葡萄藪に、紫の山葡萄がぎっしりとぶら下がっていた。その時だけは身軽な子供が、木登りの主役であった。

私はこうして次第に山の暮らしになじんでいった。翌年の春にはワラビの出る草山や、蕗の伸びる谷あいに分け入ったり、隣に住む又従姉のユキに連れられて、山グミや木苺を摘んで歩いた。ワセイチゴと呼ばれる親指大の木苺は、薄暗い杉森の奥で沢山の豆電球でも灯したように、真っ黄色に輝いて見えた。

疎開後二年近く過ぎた八月、終戦を迎えた。化学技術者で軍属だった父親が、仙台で任を解かれ母の実家に身を寄せると、程なく母親も東京から帰郷してきた。航空機燃料の研究をしていたと言う父親は、米軍の進駐を極度に恐れ、より山深い葛尾村に移住した。終戦から二か月にも満たない一〇月の初めであった。

伊之おんつぁと呼ばれる祖母の姉（母の伯母に当るその人は既に亡くなっていた）のつれあいに、初めて案内されたそこは、五十人山《ごじゅうにんやま》から流れ下る谷が山裾で開けた、やや平坦な雑木林だった。何よりも驚かされたのは、樹齢五〇年ほどの林のそこここに、直径二〇センチを超すイノハナが道をひき、折り重なって出ていたことだ。そして伊之おんつぁが「こんなものは雑キノコだ」と言って、平気で踏みつぶして歩いていたことだ。小学五年生の私には、根元直径四〇センチもある雑木林を切り払って、ここに田畑を開墾しなければならない苦労には思いも及ばず、移り住むその地が茸の宝庫であることに、只々有頂天になっていた。

何よりも焦眉の急は雪の来る前に、住む家を建てることであった。突貫工事で進めた結果、年内にはその家に入ることができた。荒壁に屋根は杉皮葺きではあっても、土台の入った本建築であることが父親の自慢であった。冬中電気もなく新聞もラジオもない山の中で、裏山の木々が雪折れする甲高い音を、夜通し数えて暮らした。

翌年の春、北側の谷筋の平地に、中林という隣人が引っ越してきた。戦前新宿に住んでいたというその男は東京の事情にも結構詳しく、山の中の暮らしや仕事についてもひとかどの理屈を持つという奇妙な人柄であった。まず手始めに林の木を切り倒し、炭に焼くことからとりかかる必要があるので、中林は一、二日置きにやってきては炭窯造りの講釈を披露したり、鋸の目立てを伝授したりするのである。

その年の秋になって再び茸の季節がめぐってきた。ある日茸篭を背負って付近の山を歩いていていると、ひと抱え以上もある太い倒木の上に、名も知らぬ真っ白く大きな茸が生えているのを見つけた。直径三〇センチほどの背負い篭の口から、もぎ取った茸をやっとのことですべりこませる。一個で篭が一杯になるほどの大きさであった。篭の他に両手に一個ずつ抱えたら、小柄な小学生の体力ではそれ以上はどうにも重くて持てず、ヤカンぐらいの大きさから握り拳ほどの大きさまで、数個はそのまま残してきた。わが家に着くと、ちょうど来ていた中林が、

「ヨォー。すごい茸を取ってきたな。これは舞茸と言う高級茸だ。こんなでっかい奴は、この辺だって滅多に取れるもんじゃない。君は茸とりの名人だな」それが第一声だった。それから褒めたりおだてたりしながら、

「どの辺で取ってきた？」

「斜面の向きは東か北か？」

「出ていた木はボッコ（切り株）か？　立ち枯れか？」などと立て続けに訊いてきた。何も知らない私は、結局誘導尋問に引っ掛かってしまった。

舞茸を見つけた倒木は、中林の小屋の前を流れる谷川の奥の斜面であった。翌日もう一度その場所に行ってみると、残して来たはずの舞茸はきれいになくなっていた。それ以来何年もの間、その倒木で舞茸を採ったことはない。その頃の私はやみくもに山を歩き回って、たまたまぶつかった茸を取って来るだけのことであり、茸採りの財産として秘密にすべきだった茸の「シロ」を、うかうかと掠めとられてしまったのである。

阿武隈山系は豊富な茸の産地である。しかし高級種の松茸は高瀬川中流域の岩山に多く自生し、このあたりではまれにしかとれない。阿武隈川と高瀬川の分水嶺に近いこの高地では、松茸に次ぐ高級種のイノハナを始め、舞茸、本シメジ、釈迦シメジ、ナラ茸、ホウキ茸など様々な種類の茸が、季節の移ろいに順じて次々と出てくる。

山の暮らしになじんでゆくほどに、茸は毎年同じ場所に出ること、そこをシロ（代）と呼んで親子の間でもその場所を秘密にして、教えないまま死んでゆくことなどが段々と分かってきた。茸を探すエリアも裏山に続く五十人山の東斜面から北斜面、道路を隔てた向かい山の西斜面から裏側の東斜面へと徐々に広がっていった。一度茸を採った場所はその位置や地形、斜面の傾き具合を覚えておいて、自分だけのシロを少しずつ増やしていった。イノハナのシロ、本シメジのシロ、舞茸やまれには松茸のシロも、その財産に加えていった。

郵便局退職と同時に、日音協県支部からは送別会を開いて（当時は組織加盟だったため）送り出された。その時期日本社会党が歴史から姿を消し、政治活動からも離れた。そして春から秋まで、阿武隈の山を探索することだけが、退職後の日課となった。採れた茸や山菜は必ず子供たち孫たち、親戚や知人に送った。

近年車社会になって、海沿いの浪江や富岡町、中通りの常葉や船引町などから、茸採りがグループで押しかけてくるようになった。多くのシロは早い者勝ちの競争となり、自分だけしか知らない茸のシロは、年々少なくなるばかりである。ましてや新しいシロを発見することなど、ここ数年絶えてなかった。

向かい山の陰側の山続きに、毎年訪れる長さ二キロ位の尾根筋があって、その中ほどから先は背丈ほどの熊笹が密集していた。陽の差さない笹藪の地面は、茸の生える条件ではない。藪の中にもぐり込むこと自体も厄介なので、そこから先は一度も行ったことがなかった。

ある時ものは試しとその笹藪に分け入ってみた。身をかがめてがむしゃらに、一五メートルほど熊笹をかき分けて進むと、次第に笹がまばらになって、湿った落ち葉の上にかすかな陽光も差しこんでいる。ふと足元を見ると踏みつぶさんばかりの近くにイノハナ（香茸）が出ていた。更に茸はその先一〇メートル以上も、ボコボコと道をひいて続いている。新しいシロの発見など何年ぶりのことだろうか。小躍りする思いで片端から採り始める。背負い篭に山盛り一杯詰め込んでも、茸の道はまだ先へ伸びていた。翌朝またそこにやってきて、もう一篭背負って帰った。誰も立ち入ることのない笹藪の奥の、自分だけしか知らないシロ。「よーし、この先毎年、この茸を独り占めで取ってやる」そう思った。しかしこの茸のシロはたった一度だけの夢か、幻に終わった。新しいそのシロの発見が、原発事故前年の秋だったからである。

　その尾根を上部にたどり、登りきって頂上に立てば、わが家の向かい側の小高い山である。そこから東方に標高の高い山はまったくない。この山から派生する幾筋もの尾根が眼下に広がり、北から南から交錯し連綿と続く尾根筋が、さざ波のように果てしなく打ち重なって、遠くはるかに太平洋へと続いている。その山なみと青い海の接点に、福島第一原子力発電所が建設された。

　三月一二日から一五日の原発爆発による放射線は、隔てるもののないこの山を何度も直撃したに違いない。山蔭の広大な尾根筋には、今回発見した新しいシロを始め、大事にしてきた沢山の茸のシロやタラの芽の群落が点在している。その尾根筋もまた原発爆発の直撃を受けたのだ。ふるさとを失うということは、そのような自然や景観を失うというばかりではなく、その場所で生きてきた過程や記憶や、大切にしてきたすべての思いを、同時に失うということでもあった。

清が入院したという連絡が届いたのは、原発事故から三年目の八月末である。足腰の痛みや風邪ひき程度の軽い症状はともかく、入院などという例は今まで只の一度もない、健康体の弟であった。最初は喉首の腫れから始まって、次第に腰が利かなくなり立ち居も不自由になったことから、近くの医院で診察を受けた。ただちに入院と決まり、郡山市の寿泉堂病院に救急車で移送された。病名は「血液のガン」と告げられ、集中治療室に入ったという。

ヤス子が早速見舞いにかけつけた。集中治療室に入った時期から昏睡状態で、誰が行っても意識がないとのことで、弟の手を握って「ヤッコ姉ちゃんだど。分かったら指で握り返せ」と声をかけても、何の反応もなかった。

その清が亡くなったのは、一二月末である。葬儀は船引町の斎場「洸琳」で執り行われた。お寺の都合と焼場の順番もからんで、年末ぎりぎりの大晦日であった。型通りに葬儀が終わって、精進落としの宴会場では、先ず実家の長男石井栄一が、親戚代表で御礼の言葉を述べた。次の献杯の発声が私である。

「献杯の前の長々しい挨拶が歓迎されないことは十分承知の上で、少しく弟、清の思い出を語らせていただきたい」と前置きして、昨年七月初め石井食堂を訪ねた経過と、彼が毎日のように村に帰っていた事実に言及した。

「そのことは彼がそれほどまでにこの村を愛し、家族とその食堂を愛し、そこで生きてきた日々の記憶を大切にしてきたことの、証しであろうかと考えます。だからといってそのために生命を奪われるということが、あっていいものでしょうか」

私はこの場の大方の人々が、「避難指示に反して毎日のように村に帰り、茸も食ったしタラの芽も食った。こうなったのも吾が好き（自業自得）だ」と思っているに違いないと推測した。果たして本当に自業自得か。村を愛し毎日通い詰めなければいられない思いが、結果して死につながってしまうという事実を、当り前のように受け止めてしまっていいものか。原発事故さえなければ、このような結末にはならなかったのだ。

「原発事故関連死という言葉はよく使われます。しかしそれを立証する証拠も、手立ても私たちにはまったくない。これは単に石井清個人の問題ではなく、原発事故の被災者すべてが、等しく置かれた立場でもあります。彼の死を一つの教訓として、自らの置かれた立場を改めて自覚し、彼の死を無駄にすることのないよう、これから先私たちの行動に生かしていかなければならないと、今私は強く思います」

　今まで都内の講演会などに招かれて話す場合は、自分の声が会場に吸い込まれるように、届いてゆくのがわかった。しかし今私と会場の間には見えない遮蔽幕でもあるかのように、空しく声がはね返ってくる。それは単に話の長さの故なのか、話の内容によるものかはわからない。もしかするとその両方であったかも知れなかった。

「それでは盃をお取り下さい。長々しい挨拶をお詫びしつつ、彼の死の意味を心に刻みながら、献杯」

「献杯」と会場から返ってくる唱和は、弱々しくまばらだった。

9 歌との結びつき

誰もいない放課後の教室は、開け放った窓から時折風が吹きこみ、おだやかに差し込む秋の陽差しが、ガラス窓の桟に濃い影を落としている。終戦の年の八月から、わずか二か月足らずの一〇月半ば、疎開先の学校から葛尾小学校に転校してきたばかりのある日のことである。さっきから繰り返し聞こえているのは、講堂に据えてあるピアノの音だ。教師の誰かが練習していたのに違いない。ピアノが楽器として曲を演奏するのを聴いたのは、生まれて初めての経験だった。

疎開先の小学校でもこの学校でも、ピアノはいつも講堂正面の右手に、分厚い豪奢なカバーをまとって置かれてあるだけで、音楽の授業は勿論卒業式でも始業式でも、足踏みのオルガンしか使われなかった。例外は疎開先の学校でたった一度だけそのカバーが開かれ、ピアノの音を聞かされたことである。教頭の合図で音楽教師が叩いたその音は、不気味に低い不協和音であった。

「はい、この音がB29。爆弾を落す。ただちに待避する。いいな。はい次、これが艦載機。こっちは機銃掃射だ。物陰や地面に身を伏せる。皆、自分の耳でよく覚えておくように」それが只一度のピアノ体験であった。

今講堂から聴こえてくるメロディには聞き覚えがなかったが、後から知ったその曲は「浜辺の歌」だった。さわやかな秋風に乗って届いてくる、軽やかに流れる旋律に、ひたすら聞き入った。「戦争が終わったというのは、こういうことなんだ」初めて実感した瞬間だった。

疎開先の移《うつし》小学校には三年生の秋から五年生の秋までの間通学し、その後葛尾小学校に転校したが、どちらの学校でも転校生にありがちないじめはなかった。

自身の存在が大きく転換したのは、六年生からである。担任が変わって代用教員から叩き上げたこの学校の主とでも云うべき、地元出身の松本安寿という教師になった。戦時中は竹製の鞭で生徒を叩いたと噂される、きびしいことで有名な先生である。さすがに戦後は鞭を使わず、悪ふざけが過ぎたり喧嘩をしたりすると、当事者を黒板の前に並ばせ、昔商人が使った五つ玉の大きな算盤で、頭をゴリゴリ擦ることで恐れられていた。

その松本先生が私の作文を自ら朗読しては生徒に聞かせ、「将来は代議士にもなろう。

文学者として名を成すであろう」などと褒めそやすのである。そんなことが繰り返しあったのは、そのことを通じて他の生徒を叱咤激励している心算があったために違いない。

ある時先生が例によって私の作文を読み聞かせた後に、「鋭い感覚」と評した。ところが級友たちは早速これをもじって、「鋭いカンカチ」というあだ名を付けられてしまった。私の左手の甲には幼い頃焼けた火箸に触れたことから、五センチほどの三日月形の引き攣れがあって、それはかなり目立つ火傷の跡であった。この地方の方言では、火傷を「カンカチ」と呼ぶのである。身体的欠陥をあだ名にされることは決して愉快なはずはなかったが、私は級友のとっさの機智に感心してしまって怒ることを忘れた。私が別に怒りも反発もしないので、そのあだ名が先生の耳に入ることもなく、からかった級友たちは五玉算盤の刑に遭うこともなく、そのあだ名は次第に忘れられて行った。

中学校を卒業してすぐに、村の開拓農協に庶務担当事務員として就職した。郵便局に採用される以前の期間、一年半程のことであった。その頃から詩を書き始め、地元紙・福島民報で週一発表される詩の欄、「はたらくものの詩」に投稿してレギュラーメンバーとなり、半年に一度選考される奨励賞を何度か受賞した。郵便局に就職して数年後から労働運動に関わるようになり、双葉支部執行委員・福島地区本部青年部常任委員・地区本部執行委員などを務めたが、決まって担当が教宣部だったことは、多分そのせいであったろう。

地区青年部の常任委員時代は、教宣担当として県労協主催の歌声祭典にも深くかかわった。県労協傘下の各単産が舞台に上がって歌う労働歌は、決まって専門の音楽家の作曲による歌であった。その歌にはプロとしてのメロディの美しさやリズムの力強さがあって、多くの若者に愛唱され歌い広められた曲も数多くあった。しかしどこかキレイごとであったり、労働者向け修身教科書くさい一抹の不満を、いつもどこかに感じていた。「労働者の苦しみや怒り、悲しみや喜びは、労働者自身が表現すべきだ。労働者の思いをこめた歌、労働者自身の手で作られた歌がもっとあっていい」それが当時の私の口癖みたいな持論であった。

県労協内部でも政党間対立が次第に強まり、音楽現場でも「日本のうたごえ」との軋轢が表面化しつつあった。それは中央の動向の反映でもあり、やがて総評主導による「日本音楽協議会」結成へと進展して行った。それに呼応する形で全逓本部が「全逓の創作曲」を募集することになり、私の常日頃の持論からすれば、当然これに応えない訳にはいかないという思いはあった。しかし私自身は楽器も弾けない、歌も満足に歌えないというお粗末な資質であり、当然楽譜を書く能力などまったくなかった。しかし歌にしたいテーマはすでにあった。青年部主催の交流集会や団結集会の最後に、これから帰るそれぞれの地域や職場でたたかいを展開する決意を確認し合う、そんな歌があってもいいのではないかと常々思っていたからである。

当時私は片道二キロの行程を、自転車で通勤していた。しかし冬期は雪に阻まれて徒歩通勤になることが多い。ある日遅番を終えて真っ暗な雪道を一人でたどりながら、ふと浮かんだメロディを繰り返し口ずさんでいた。言葉は同時についてくるので、家に帰りつく頃には一つの歌らしきものがまとまってしまった。翌晩中学校の音楽教師の下宿先を訪ね、そのメロディを口移しで伝えて採譜して貰った。このようにして応募した歌が、第一回全逓の創作曲、入選曲となった「交流会の別れ」である。その後その教師の手ほどきを受けて、楽典片手に自分でなんとか楽譜が書けるようになったのは、三、四曲目を作曲する頃であったろうか。この創作曲入選が、生涯音楽運動から離れることのできなくなった、私の大きなきっかけである。

日本音楽協議会（通称・日音協）は、一九六五年に結成され、会長に芥川也寸志、事務局長に音大出の若手音楽家印牧真一郎が起用され、華々しいスタートを切った。その後スタッフには「母さんの歌」の作詞作曲で有名な窪田聡を迎えた。

第一回「はたらくものの音楽祭」は、一九六八年東京・大田区民会館で開催された。全逓は「全逓歌」と「交流会の別れ」を携えて舞台に立ったが、芥川会長の講評で「労働組合の発表曲が、別れの歌とはいかがなものか」とあっさり切り捨てられてしまった。

その後全逓内部では中央本部職員の音楽愛好家を軸として、全国各地の音楽活動家を結ぶ連絡網が敷かれ、日音協や各地区（都、道、県）の愛好家の動向が絶えず配信されてきた。全逓本部主催の「音楽活動家養成講座」が毎年開催されるようになり、各地区に地区音楽協議会が結成される機運が高まっていった。福島でも各支部の音楽愛好家を集めた「全逓福島地区音楽協議会」が結成され、地区音協主催の創作合宿を毎年開き、様々な歌が作られた。

各地区の音楽活動家を集めて全逓音協「結成準備会」が組織されたのは、何回目の養成講座開催の時だったろうか。その時東京代表として「郵便屋ブルース」をひっさげて現われたのが、天羽憲治（後の日音協事務局長）である。全逓の中にもこんな歌をものにする男がいたか、という驚きが最初にあって、年齢は一回り下であっても畏敬の念で接する関係ができた。結成準備会は私が会長・天羽事務局長という形でスタートし、後に「全逓全国音楽協議会」が結成された時にも、同様に小島・天羽ラインの運動が一〇期一〇年続くこととなった。

私が会長を退任したのは、「全逓文化祭」第一〇回北海道祭典の中で開かれた総会であった。毎年開催されてきた全逓文化祭も、この北海道祭典を最後として中止がすでに決定していた。参加した人々の胸中にそれを惜しむ気持ちがあったのだろう。サッポロビール園で開かれた夜の交流集会には続々と人が詰めかけ、貸切とした二階が満席となり一階でも相当部分を祭典参加者が占めたと云われる。閉会時の会場を圧する「インターナショナル」大合唱は、今でも耳に残っている。

地域的にも双葉郡内で地方労の音楽愛好家を集めてサークルを作り、しばしば合宿なども企画して創作活動を始めた。双葉という土地柄から、テーマは決まって「反原発」であった。メンバーは主に全逓、全電通の活動家であり、中心は富岡電報電話局の南條善徳であった。双葉地方の作品は県労協主催の歌声祭典でもしばしば発表された。こうした活動が後々日音協福島県支部結成に結び付き、県支部の中心テーマも「反原発」に置かれた。これら作品は日音協県支部として、「はたらくものの音楽祭」でも上演された。

後に出版された私の詩集『わが涙滂々―原発にふるさとを追われて』（以下サブタイトル略）で「三〇年前の作品から」としてくくられた作品群は、この当時構成詩として発表された中に挿入されたものである。最初の「原発下請労働者」は十月社代表の大槻重信編集者の目にとまり、「80原水禁」に掲載したいという申し入れがあって、以来八年の間「巻頭詩」として書き続けた。

当時東電の事故隠しが常套化して、住民は事故があっても知らされないまま、原発の安全神話が蔓延していった。双葉地方原発反対同盟は活動家の切り崩しで孤立化を余儀なくされ、石丸小四郎代表ら活動家たちは歯を食いしばるようなたたかいを続けていた。

「原発の危険な本質は、そこに働く労働者に最も顕著に表れる」そのような信念をもって一九八〇年七月から、大阪大学の学者や医師の支援を得て、原発内部で働く下請労働者の被曝実態・労働実態の聞き取り調査を開始した。その後二年を費やしてまとめられた調査内容とその分析は、後に『福島原発と被曝労働』という書籍として公刊された。私が書いた「八〇～八七原水禁」巻頭詩の多くは、この時の膨大な調査資料に材を得たものである。


三鷹駅前の中央通りを経て三鷹通りに入り、北東方向に直進すると武蔵野市役所に達する。市役所前は五〇〇メートルほどの間、覆いかぶさるような桜並木である。市役所脇で分岐する道もまた桜並木で、ちょうどTの字形に続いている。そのT字の底部の桜並木が途切れるあたりに、避難先の都営アパート団地がある。二〇一一年四月、その桜並木が七分咲きの花をほころばせて、避難してきた私たちを迎えてくれた。しかし武蔵野市はその環境や景観の良さだけではない、もう一つの側面を徐々に見せてくるのである。

「いやーいや。大変な人たちと知り合いになっちゃった」

原発事故当年の歳が暮れ、二〇一二年一月初めのある日、買い物に出た妻のヤス子が息せき切って帰ってくると、早速報告を始める。スーパーのある表通りの裏側、かつては栄えたであろう小さな店が立ち並ぶ裏通り商店街の一角で、「えんがわ」の名称で毎週金曜日「誰でも寄ってらっしゃい」という、小集会を開いているグループがあると云う。「ちょうど今日は餅つき大会で、中に入って食べていけって誘われて、そこで色々しゃべってたら、いやー原発や政治のことでも、たまげるぐらい話が合うんだよなー」

主催は武蔵野市でエコ活動の一環として、自販機廃止の運動を進めているグループであるという。それからヤス子はしばしばその「えんがわ」に顔を出すようになり、白石ケイ子という主催者とも親しみを深めていった。

その市民グループから講演依頼があって、「福島と武蔵野をつないで・原発のない夏を」のタイトルで講演会が開かれたのは、二〇一二年七月一日である。会場は武蔵境駅前の武蔵野プレイス。参加者数は一二〇名余。私の講演のほかにグループ討論も予定されていて、福島からヤス子の友人四名が上京して、これに参加するという企画もあった。各グループ討論の座長に成蹊大学の学生を配置するなど、若者にアピールする配慮もされていた。講演のしめくくりに日音協都支部の仲間による、構成詩「望郷」の演奏があった。日音協としてまとまって講演会に出演したのはこれが初めてである。それまでも路上コンサートなど街頭に進出する試みはあったものの、その場合対象は常に不特定多数である。

講演会の場合はそこに集まった人々が、あらかじめ聞くという立場でその場に臨んでいることに大きな相違があり、そこに音楽と講演の結びつきによる、新たな視野が開けると考えたからである。後に詩集『わが涙滂々』が出版された以降は講演の回数も多くなり、講演と歌の組み合わせ出演も増えていった。とりわけ東京都支部所属のツーピース（狭石利美・啓子夫妻）との共演となる機会が多くなった。

聴衆一〇〇名以上という規模の武蔵境・講演会は、私にとってもこれが最初の経験であった。講演会冒頭で挨拶された邑上《むらかみ》守正武蔵野市長が、そのまま私の講演を最後まで聞いて、講演後の休憩時間に喫煙コーナーにエスケープした私を、「ぜひ握手してから帰りたい」と待っていてくれるというエピソードもあった。

武蔵野市には多様な市民グループがあって、「みどり（町名）のえんがわ」を拠点とするエコグループの他に、憲法を学ぶ会を定期的に開いているグループ、事故以来「フクシマを思う」シリーズ集会を年三、四回、継続して開催するグループ、武蔵野ＦＭを運営する市民の会のグループ、各町のコミュニティセンターを拠点に活動するグループなど様々な人々が、それぞれに活動を展開していた。

この講演会以降、実行委員会に参加したそれら市民グループとの結び付きが生まれ、これらの方々とのつながりが強まっていった。

講演会開催経過		○印は共演回数	
2014年6月まで		出演団体	
講演会の名称又は場所	開催月日	ツーピース	日音協又は都支部
武蔵野市憲法を学ぶ会	2012. 4. 16	――	――
女性会議講演	6. 2	○	――
憲法生かす会・総会	6. 3	――	――
武蔵境・武蔵野プレイス	7. 1	――	○
武蔵野市憲法を学ぶ会	11. 4	○	――
神奈川・憲法を守る会	12. 8	○	――
下北沢アンテナショップ	2013. 3. 16	○	――
練馬・石神井庁舎講演	10. 7	○	――
労大・豊島区民センター	10. 15	――	――
飯舘写真展懇談会講演	10. 26	――	――
武蔵野・みどりのえんがわ	11. 8	――	――
足立区・「まなぶ」講演	11. 26	○	――
北区社民・北とぴあ	12. 5	――	○
小金井市社民講演	12. 14	○	――
横浜中区社民講演	2014. 2. 1	――	――
吉祥寺・南コミセン	4. 19	――	――
戦争へ暴走許さぬ集会	5. 31	――	○
経産省前テント村	6. 6	――	――

10

詩集発行と現地ツアー

原発事故で避難した直後から娘からは、詩集を発行するようしばしば急かされていた。しかし私自身はこの事故の輪郭も本質も、まだ正確にはとらえきれていなかった。書くべき対象も自身の立ち位置もはっきりとは見えていない中で、とりあえず形だけ文章化するという気には、なかなかなれなかったのである。今までも音楽祭などで「構成詩」の名称で発表はしてきたものの、私の書いた文章が果たして「詩」と呼べるものであるのかどうかも、不明だったからでもある。

事故から一年四か月を経た七月。一時帰宅で帰郷した時に、初めて堰を切ったように言葉が生まれ、一挙に七編の作品をまとめることができた。詩集発行について、少しはその気になり始めたのもその頃からであったろう。

詩集の原稿は原発事故以降に書いたものに付け足して、「原水禁」の巻頭詩群を「三〇年前の作品から」と題して加え、更に折々の紀行を入れて一冊の本にまとめた。原稿は岩波書店の大山美佐子さんに託したものが鎌田慧氏に手渡され、さらに鎌田さんから西田書店の日高徳迪さんに発行が依頼された。

詩集『わが涙滂々』の発刊は二〇一三年五月である。

武蔵野市の様々な市民グループを糾合して、詩集出版記念会実行委員会が組織されたのは、詩集出版の直後である。委員長には鎌内啓子氏（「フクシマを思う」シリーズ集会主催者の一人）が選出され、事務局は娘が担当した。会の目標は出版記念会の開催と、著者売り分として割り振られた詩集千冊の完売である。

人脈の厚い委員長は主として渉外を担当し、著名人への宣伝やマスコミ対策などに奔走したため、詩集発行と出版記念会開催のニュースは、東京新聞を始め朝日、読売、毎日など主要な新聞の地方版で大きく取り上げられた。当日予定の献立は「妻ヤス子の手による福島の田舎料理とホテルオークラでシェフを務める長男が作るオードブル」というふれこみで、「楽しみ！」というささやきも聞かれるなど参加予定者の前評判も高かった。

出版記念会は五月二六日午後四時半から、武蔵野市西久保コミュニティセンターで開催された。会費納入人員は八三名。来賓と孫たちを含めた私の家族を入れると一〇〇名に近い集まりとなった。

松岡裕子武蔵野FM市民の会代表の司会で、先ず鎌内実行委員長から出版記念会開催に至る経過が報告され、来賓祝辞には邑上武蔵野市長と日高西田書店主が立った。「全逓といえば私にとっては親戚みたいなもので……」に始まる武蔵野市長の挨拶は、市長の父親が元全逓関東地方本部役員であったことを知らない参加者には、奇異の感を与えたかもしれない。続いて女優・金子あいさんによる詩の朗読があり、『わが涙滂々』から何編かの詩が紹介された。三分トークでは、大槻重信元「十月社」代表、印牧真一郎元日音協事務局長、村松孝明「労働者文学」編集長、松本敏之日音協事務局長などのほか、武蔵野市の市民グループ代表など一〇名の方々が次々と意見を述べた。このトークタイムは一時間に近い長丁場だったが、「それぞれの方がそれぞれの視点で小島さんを見ていることが分かって面白かった」、「時間は長かったけど全然飽きなかった」などの感想があって、おおむね好評であった。

祝宴は吉祥寺に住む写真家、大石芳野さんの乾盃の音頭で始まった。料理もホテルの献立と田舎料理のコラボが、結構受けていた。宴会中参加者の一人が私に近づいて来て、「色々な出版記念会に出たけど、こんなに熱気のあふれたアットホームな記念会は初めて」だと告げられた。しばし歓談の後、最後に日音協の仲間たちによる構成詩「望郷」の演奏があり、私の御礼の言葉でしめくくりとなった。閉会は予定時間をオーバーして、午後八時をまわっていた。

その後詩集の販売には実行委員の方々がそれぞれ真剣に取り組みを進め、次々と注文が入った。六月から七月にかけて、詩集注文の受付と発送にかかりきりであった。実行委員の一人、白石ケイ子さんは「小島さんのために詩集を売るのではない。この詩集から受けた感動を、少しでも多くの人に知ってほしいから売る」のだと言って、一人でトータル七〇冊を売り捌いてくれた。

福島では地元葛尾村で売りさばきに協力された人、全逓退職者組合を通して組織的に売りさばきを進めてくれた人、自分が経営する福祉、介護施設に大量に売り込んでくれた人など、福島だけで全体の三分の一の冊数をさばくことができた。その他日音協関係、労働者文学関係、元全逓音協の役員や活動家、さらには私の個人的な知人友人や親戚など多くの方々の協力を得て、発売から二か月たった七月末には、ついに千冊完売に達することができた。

詩集の発行と販売という仕事は、私にとって初めての経験で、当初「千冊完売」と言ってはみたものの雲をつかむような話であった。そこで少しでも励みになればという思いもあり、実行委員会結成の時期から「出版記念会が成功し千冊完売が実現したら、実行委員会の反省会は慰労を兼ねてホテルオークラでやるよ」と宣言していた。「エー。あのホテルオークラ?」とびっくりする人もいたりして、半信半疑というより二信八疑の冗談みたいに受け取られる傾向もあった。しかし私はすでに長男との下相談を済ませ、千冊完売だったら「その程度の反省会は持てるだろう」との胸算用はあった。

すでに完売の見通しが立った七月中旬、反省会の準備に入った。実行委員間で日程の調整に手間取り、実際に反省会が開かれたのは八月二一日である。まったくの招待では余計な気を使うことになりかねないので、千円会費を徴収することとした。ちょうど絵画の展覧会イベントが開かれていた時期でもあったので、展覧会入場チケット付き昼食会となった。

ホテルオークラ本館一階ホールで開かれたその日の話し合いでは、二、三の参加者から「詩集の詩に書かれた葛尾村の現地に行ってみたい」「被災地の現状を自分の目で確かめて事実を体験したい」という声が上がった。その場では「御意見を承る」程度の対応しかできなかったが、次第に真面目な要請には真面目に応えるしかないと考えるようになった。

「詩集『わが涙滂々』現地探訪ツアー実行委員会」がスタートしたのは、翌二〇一四年一月半ばである。武蔵野の市民グループでは今までにも、葛尾村・飯舘村の視察は何度か実行していたが、しかし自家用車使用で参加者は一〇名内外という規模だった。そこへ貸し切バス二台・一〇〇名規模という提案だったので、実現を危ぶむ声が強かった。「バス二台では小島さんが同乗できるバスはいいが、そうでないもう一台とは差がつく」という意見もあり、最終的にバス一台五〇名限定と決まった。参加募集締め切りを一月末としたが、一月二〇日前後には定員をオーバーし、その後も問い合わせが続いて、自家用のマイクロバスで参加したいと申し出た練馬区職労の方々や、そのほかにも二台ほど自家用車での参加もあって、最終的には六二名の参加数となった。

二〇一四年三月八～九日のツアー初日、大部分の人は当日「郡山ユラックス熱海」で開かれた「原発のない福島を・県民大集会」に参加し、その後貸切バスで三春町馬場の湯温泉「若松屋」に移動した。夕食を兼ねた懇談会には葛尾村の被災者一七名が加わって、熱気のある集まりとなった。各参加者のグループ別自己紹介の後、村側から数人の被災者がそれぞれの現状や思いを述べた。

自分の飼っていた牛を、自ら殺処分しなければならなかった畜産農家の怒りに満ちた報告には、多くの参加者が目を見張って聞き入った。特に「絶対についてきてはいけないと言われて部屋に閉じこもった。いつもつぶらな目ですり寄ってくる子牛を、自分の手で殺さなければならない悔しさ・哀しさには耐えられなかった」と、涙ながらに語ったその妻の話は、人々の心を打った。話す方も聞く方も、共に真剣勝負で語り合ったこの場の雰囲気が、このツアーの意義を象徴しているように思えた。

閉会の前に女優・金子あいさんによる『わが涙滂々』からの詩の朗読。日本音楽協議会の参加者二〇名による構成詩「望郷」の演奏があって、懇談会は終了した。

翌九日は午前中「避難指示解除・賠償打ち切り」が宣告されようとしている、田村市都路地区を視察。渡辺みよ子・吉田文夫元都路村村会議員の案内で、地区内の現状と東電が建設を企図している核廃棄物焼却処分場の予定地を見てまわった。

午後からは私の案内で葛尾村の現地に入り、消え残った積雪のために放射線量が抑えられている村内をめぐり、除染の現状と荒れ果てた我が家の姿などをつぶさに見聞した上、再び三春町に戻って解散となった。

それから一〇日ほど過ぎた三月一八日。このツアーの同行記事が、東京新聞「3・11後を生きる・井上能行ふくしま便り」で大きく報じられた。特にこの記事の中で、詩集から三〇年前の作品を取り上げそれを今の視点でとらえ直し、現在の課題として提起されていることが、特徴的だった。

「原発事故の悲惨な実態を体験し、詩集『わが涙滂々』が書かれた現地を視察して、今後の活動に生かしたい」という思いを胸に秘めた人々の、「現地探訪ツアー」はこうして幕を閉じたのである。

ＡＤＲ和解案提示（1）

二〇一三年一月の集団申立推進会結成後、ただちに会報を発行して会員に周知した。その後すぐさま取り組まなければならない課題に、担当弁護士と個々の会員による受任相談会の開催があった。仮設団地がさくら湖周辺九個所にわたって散在することから、団地別に数個所の会場を設定して付近の会員を集めることとし、日程と会場の場所、会場ごとの役員配置、相談する会員の割り振りなどを決めなければならなかった。受任相談会は二月一六、一七、二三、二四の四日間に分けて、五会場で実施された。各会場で二〇〜二七世帯の会員が担当弁護士と面接し、それぞれの事情が聴取され、必要な証拠書類、添付資料の準備について説明された。

第二回の受任相談は当初三月に予定していたが、村行事が重なるため四月に延期された。その村行事の焦点となったのは、政府の「避難区域見直し」に関わる住民懇談会である。

その懇談会は三月一七日に開催された。見直しの内容は葛尾村一円が「計画的避難区域」に指定されている現状から、「帰還困難区域」「居住制限区域」「避難指示解除準備区域」の三つに分割するという政府の提起である。しかも村の北東方向に位置する一部集落を「帰還困難区域」「居住制限区域」とし、他の大部分の地域を「避難指示解除準備区域」にするという内容である。懇談会に出席した私は、次の理由で反対を表明した。

① 行政区そのものが二分される地域が二箇所あり、従来一致して行動してきた行政区内の連帯や交流など地域の絆が分断される。われわれ村民は今まで同じ立場・同じ思いで避難生活に耐えてきた。しかしこの見直しが実施されれば、保障・賠償に格差が生じるので、金銭的差別は村民の心に大きな亀裂を残す。

② 「避難指示解除準備区域」は事故後三年以内の帰還を目標としているが、この段階で村内の除染はまだ始まってもいない。さらに村面積の八〇％を超す山林・原野の除染は、計画すら立っていない。事故後三年以内に完了すべき除染・インフラ整備・飲料水確保などの整備計画は、実現不可能である。

③ 見直しの根拠とする放射線量測定を「航空機モニタリング」の数値に置いているが、住民の手の届かない地点での測定は架空の根拠でしかない。我々が帰還するのは地上の葛尾村であり、現実の地上の測定値にこそ根拠を置くべきである。

しかし住民懇談会は懇談ではなく、閣議決定の押し付けだった。他にも反対意見は出たものの、すべてが「暖簾に腕押し」でしかなかった。質問時間は一時間余りで強引に打ち切られた。不満がくすぶったまま閉会となっての帰り際、会場出口で誰かが聞えよがしに叫んだ。

「何言ってみたって言うだけムダだ」

その当てつけが主催者に向けられたものか、反対した発言者に向けられたものか、私には判断しかねたが、この懇談会の性格をよく言い当てていた。

その後葛尾村の「避難指示解除」は一年延期された。しかしその一年が過ぎた後に、我々の暮らしがどうなるのかは誰も知らない。人間が生きてゆく上で、一年後の生活設計や二、三年後の人生設計が全くたたないという立場に置かれることは、人間としての権利も尊厳もすべてを剥ぎ取られ、裸で棄て置かれるのと同様である。「明日をも知れぬ我が身」という言葉がある。「お先真っ暗」という言葉もある。今被災者には、一年区切りの未来しかないのだ。

集団申立推進会は「区域見直し」について役員会を開き、会としてこれに反対することを決定した。その後「区域見直し」についての幹事会を四月二七日に開催し、先の反対理由に加えて「この区域見直しによるいかなる補償と賠償の切り下げにも応じない」ことを付記して、当推進会の統一見解として決定し、会報で周知した。

さらにこの日の幹事会で原発事故賠償に関する、会としての統一目標を決定した。その内容は次の二点である。

① 精神的賠償の請求額は、交通事故入院における慰謝料を根拠として、月額三五万円とする。

② 財物賠償の請求は『全損』扱い（帰還困難区域と同等）とする。

私たちは政府提案の「区域見直し」を認めないと言う立場にたって、全村的に帰還困難区域同等の財物賠償を求めることとしたものである。

第二回の受任相談は四月七日と一三日、一四日と二〇日の四日間、四会場で実施された。この日の面談で大方は中立資料が整うこととなるが、しかしこれをまとめる弁護団が現地の事情を全く知らないのでは、被災者の立場に立って中立書類を作成することが困難となる。そこで弁護団と図って葛尾村の、現地調査を実施することを決めた。

その現地調査は、五月一二日に実施された。三春町里内仮設集会所に集ったメンバーは、弁護団側が弁護士四名プラス新聞記者一名（朝日新聞「プロメテウスの罠」担当）、推進会側は私以下九名の役員が参加した。一行はマイクロバスで現地に向かい、風越峠を越えて葛尾村に入った。上葛尾から川沿いの道を下る。随所で車をとめて、地域地域の写真を撮り線量を測った。

村役場に立ち寄り、帰還困難区域に立ち入るための鍵を受領する。落合・広谷地を経て県道を閉鎖するゲートに達し、鍵を使って扉を開き、帰還困難区域に車を乗り入れる。峠を越えて野行《のゆき》集落に入ると、線量計が警告音を出し始めた。住む人間一人いない、影絵のように森閑として沈み込む人家や田畑、山林の風景を、目に見えない放射線が縦横無尽に交錯し、この村落を占拠しているように思えた。

川に沿う道を徐行程度のスピードで下る。二、三〇〇メートル進むごとに、線量計の数値が上がってゆく。事務局次長がそれを大声で読み上げる。

「2・5μSv。3・7μSv。4・3μSv」

「もうわかりました。引返しましょう」

さすがに弁護団の代表から声が掛かる。朝日の記者は被曝の影響を受けやすい、まだ若い女性である。「少し深入りし過ぎたか」後悔が胸をよぎる。しかし縦長に広がる野行集落の、まだ半分にも達していなかった。

帰路はすでに除染を開始中の地区を通過した。除染ゴミの黒いフレコンバッグが、道路脇に野積みされている。一人で車を降りて袋の表面に線量計を当てると、数値はウナギ上り。線量計数値が8μSvを表示したところで、恐ろしくなりあわてて跳び退いた。

ある日幹事の一人から私に電話が来た。

「ある村会議員から『お前ら集団申立てをやって、少しばかり余計に銭貰っても、弁護士料取られたらかえって赤字になるんでねぇのか。東電直接請求だったら即金で振り込まれるのに、弁護士頼んだら時間ばかりかかって、果てしがつくめぇ』と言われた。そんな宣伝が広がっているのか、会員の中でも動揺している人がいる。先行きのことは俺だってよく分からない。何とかして貰えないか」と要請された。早速役員間で協議し、弁護団とも相談の上、六月八〜九日「集団申立なんでも相談会」を開いた。集まった会員は二日間で延べ五〇人ほどだったが、多くの疑問や質問が出されたことからも、ある程度の動揺が起きていたことは事実だったろう。

ADR（原子力損害賠償紛争解決センター）への申し立ては、精神的賠償、避難費用、一時帰宅費用、避難による生活費増加分の請求など申立書類が整った順に、六月中第一弾三六世帯一〇一名が、続いて七月末二三世帯七五名分が完了した。書類整備の遅れた世帯の、第三弾九世帯二九名の申立ては一二月半ばとなったが、一二月末の総申立件数は六七世帯二〇三名となった。

写真や図面、証拠書など提出すべき資料を、整えることができずにあきらめた人、中立事由を明らかにするため、担当弁護士から執拗に質問されて嫌気がさした人など、会員であっても中立を中途で断念した世帯が一部にあった。担当弁護士との相性が悪く感情的に対立したケースには、弁護士を入れ替えることで対応した。

翌二〇一四年一月半ばに入ると、ＡＤＲから順次和解案が提示され、担当弁護士からそれぞれの世帯に内容が通知された。私に提示された内容を見ると、避難による生活費の増加分（避難前自家水田菜園、自家水道などで賄ってきたものの、避難によって生じた新たな支出、避難生活開始の際の家具衣類の購入費、交通通信費の避難前との比較増加分など）は、東電のゼロ回答に対してＡＤＲ和解案では全額賠償が認められている。

一方妻の「クモ膜下出血入院」に対する入、通院慰謝料請求についても、東電側は賠償を拒否してきた。この賠償請求には「今回の発症には避難生活や環境の変化などのストレスが影響している可能性も十分考慮される」という医師の診断書がつけてある。にもかかわらず平然とこれを拒否して来る東電は、加害者としての自覚を全く欠いている。

これに対するＡＤＲ和解案は、請求額の三三％に当たる慰謝料が示され、さらに「世帯に対する精神的損害」という新たな項目を設定して金額を提示することで、請求総額の八〇％が補償された。和解案での賠償項目新設は、ヤス子の発症・入院を原発事故に起因する疾病と特定することを嫌いつつも、なお一部認めざるを得ないという立場で出された苦肉の策であったろう。

東電のゼロ回答に対しＡＤＲ和解案で賠償が提示された項目は、すべて集団申立運動の結果であり、東電直接請求では手にすることのできない成果である。全体を見渡した場合、精神的賠償の月額三五万円請求は抜けなかったが、個人的事情による様々な精神的負担の賠償では、それぞれのケースによってかなり前進した和解案も出ている。また「避難による生活費増加」のうち「水道代」の請求は、東電直接請求ではことごとく拒否されていると聞いていたので、この全額補償は特徴的な成果かと思われる。

この和解案全体を通して弁護団が総括した内容は、「①精神的賠償について他の被災地（南相馬市原町区・小高区など）の和解案と比較した場合、同様のケースで金額が低い世帯が相当数ある。②葛尾村の会員間でも個人的事情による精神的損害については、同様のケースでありながら提示金額にバラつきがある。③こうした結果が出た理由は、それぞれのケースに対してＡＤＲの当てはめる基準が、まちまちであることに起因する」というものであった。その総括に基づいて弁護団は一月末、具体的なケースを取り上げて問題点を指摘し、ＡＤＲに対して質問状を提出した。

その後当推進会に対しては、弁護団から今後のたたかいの方向を決定するよう要請があり、次の三項の提起があった。

① 精神的賠償は全員一致して和解案を拒否し、他の損害項目は中立人の意向により、諾否を決定する。

② 精神的賠償は原則として全員拒否するが、特別の事情がある場合は中立人の意向で和解することを妨げない。（その他の損害項目は①と同じ）

③ すべての項目について、中立人の意向で和解案の諾否を決定する。

役員会はこの三項の問題提起を、近々開催予定の第二回年次総会に提案することを決めた。方針書「第一年度活動の総括と今後の運動課題」の主要な柱として、今後どの項目で進めるべきかについて、全体討論に付すこととしたのである。

ＡＤＲ中立をすれば「時間がかかる、決着が遅い」という宣伝は、この運動の反対派がよく口にする台詞である。そのような機運の中で私としては、三項の選択肢の内③は、会としての統一的な運動を否定するものでありこの結論はないにしても、①を選択することが難しいとすれば、結局②項に落ち着くことが関の山かとひそかに判断していた。しかし反対派の宣伝に乗る者が多ければ、③が採択される可能性もなしとは言えない。もしそのような結論になったとすれば、この会の存在意義が問われることにもなりかねないのだ。

年次総会は二月二二日午後一時半から、三春町中妻公民館分館で開催された。経過報告、第二年度以降の方針案が提起され、続いて討論に入った。

「弁護士は我々にとって無縁な存在だと思っていたが、こんなにも親身になって被災者の味方をしてくれることに驚いている」

「本来私たちが負担すべき五％の弁護士報酬のうち三％を東電から引き出し、被災者の負担を軽減してくれたことに感謝する」、などの発言があった。

提起された三項の選択肢については、結着が先送りされることを不安視する意見も出されたが、三人の発言者が①でたたかうべきだと熱意を込めて主張した。最終的に私が代表として、「精神的賠償は全員一致して和解案を拒否し、決着が遅れることはお互いに我慢し合って、不利益をこうむる人が出ないよう格差是正を求める。精神的賠償月額三五万円は、今回の和解案でかちとることができない場合でも、われわれはあくまでもこれを求め続ける」と取りまとめ、全会一致の力強い拍手で①項が採択された。その他規約改正、会計報告などは異議なく可決し、役員は現状維持のまま選出されて、第二回総会を閉会したのである。

帰途新幹線の車中で、駅売店で仕入れたレモンハイのプルトップを切りながら、「暗中模索で苦しみはしたが、しかしこの運動を起こしてよかった」としみじみ思った。弁護団の話によれば、「和解案の全拒否」は県内初の出来事だという。ＡＤＲという仲介機関に調停を申し立てながら、その和解案を蹴るということは、事実上の実力行使に等しい。選択肢①を全会一致で採択したのは、労働運動の「ろ」の字も知らない、団結することで巨大な敵に立ち向かうという経験をまったく持たない、ごく普通の農家の親父さんたちである。私はこの総会の結末に、ある種の高揚感を覚えていた。

私が労働運動に関わりだした二〇代後半の頃のことである。当時の支部執行部は支部交渉の度ごとに打ち上げと称して官側交渉員との、特定局長会側経費持ちの宴会を開くのが通例であった。これでは数年後に迫る富岡電報電話局新設に伴う大規模な電通合理化をたたかうことができない。「守るべき組合員の身分や労働条件を、支部幹部の酒のサカナにされてしまう」という組合員の危機感に押され、支部執行部改革に取り組み、老年層執行部に取って代わった平均年齢三〇歳という若手執行部を率いて、たたかった記憶がある。若年層執行部の信頼性をたかめるためゆるぎない職場体制を築こうとして、職場要求を掘り起こし職場交渉で各局の運動を立ち上げるため日夜奔走し、着々と実績を積み上げていったあの当時の、確かな手応えと不思議な充足感にも似た思いでもあった。

12

ADR和解案提示（2）

葛尾村の除染が始まったのは二〇一三年春からである。原発事故から丸二年が経過していた。除染の対象は家屋回りと道路・河川の両脇二〇メートル範囲である。村総面積の八〇％を超える山林、原野は手付かずで放置された。道路、河川の両側二〇メートル範囲は、草を刈り取り落ち葉や枯枝を集めて袋詰めにした。除染作業に従事する人々は、普通の作業衣にマスクをしたりしなかったり、一人が袋の口を開けると他の数人が落ち葉や枯草枯枝を運んできてそこに投げ入れる。放射能まみれの乾いた腐葉土や腐って粉々になった枯葉屑が、埃となって飛び散り宙に舞い上がる。無防備な除染作業は、重武装の軍隊に竹槍で立ち向かうのに似ていた。こうしてかき集めた除染ゴミの黒いフレコンバッグは道路脇に山積みされた。

四七〇世帯のこの村に、六百億円の除染費用が投入されるという。一世帯当たり約一億三千万円である。

「その一億三千万を俺たちに分配すれば、その金で新しい農地を買って百姓ができる。被災者の生活再建なんかすぐにもできるのに……」農家会員の一人がそう言った。村全体の六百億円という膨大なその経費は、一体誰の懐に入る仕掛けだろうか。そもそも何のための、誰のための除染であるのか、本末が転倒している。

政府の避難「区域見直し」に反対を表明した集団申立推進会は、村内各地の放射能実測調査に取り掛かった。政府が放射能測定の根拠を航空機モニタリングに置いているので、私たちは実際の地上の線量を計測して、証拠立てる必要があると考えたからである。

一回目の試験的調査は二〇一三年八月二一日に実施されたが、除染済み箇所と非除染箇所を比較試算した場合、除染による放射線量の減少は空間（地表から一メートル）で三〇％、地表で二三％でしかないことを突き止めた。以降定期的に実測調査を続けることとなり、第二回の本格的な調査は二〇一四年五月一四日に行われた。集団申立役員会のメンバーを二手に分け、Ａ・Ｂ二グループで村内四三箇所のデータを収集した。Ａグループが大字野川、上野川と落合、菅ノ又など二一箇所を、Ｂグループは大字葛尾全般と、大字落合大笹、夏湯、大放の二二箇所を担当した。私たちはその調査結果を次の通り会報一二号で発表した。

☆今回調査で最も顕著に表れた村の現状は、除染の効果が非常に低く、当村の避難指示解除は一年間延期されたものの、このままでは帰還の目途が全く立たないというのが実態です。除染済み個所の実測では、村全体の平均値が空間で０・６７μSv、地表で０・９６μSvで、政府除染目安（年間被曝限度１mSv、毎時０・２３μSv）の三～四倍の数値を示しています。

☆すでに除染の終了した家屋の雨樋落ち口で３・２８μSv、除染済みの家屋回りの林で３・１２μSvが検出されたことは、除染作業自体がずさんなやり方で進められたか、除染そのものが無益な仕事であるかのどちらかです。除染が目標通り進まないからと言って、除染目安（年間被曝）限度を１mSvから、何の根拠も示さずに一挙に20mSvに引き上げて、避難指示を解除するなどという、暴挙が許されてはなりません。

☆家屋回りと道路・河川の両脇20m範囲を除染しても、村全体の地図上では点と線でしかありません。村面積の80％強を占める山林・原野が、手付かずで放置されている限り、人間が生きて暮らして行ける条件では決してありません。山林を含めた村全体の原状回復を求めて、我々村民が一致して声を上げましょう。

（集団申立「推進会報」一二号より抜粋）

二〇一四年八月、財物賠償に関わるＡＤＲ和解案が提示された。その内容は私たちの主張通り、財物賠償の「全損扱い」を認めた和解案である。福島県内では飯舘村蕨平地区、川俣町山木屋地区に次ぐ、第三弾の成果として、地方新聞の一面トップで大きく報道された。

私はこの提示理由書を、眼を見張る思いで読んだ。集団中立運動を立ち上げた当時の私は、「たとえ公的な仲介機関であれ、現行法制度の中でその判断が求められる以上、その結論には限界がある」と考えていた。原賠法が『原発事業の健全な発達』を目的とする限り、被災者救済がその範疇にとどまる以外ないからだ。

しかしこの提示理由書は被災者としての葛尾村民の立場を、明らかに代弁している。提示理由書の趣旨は、以下の通りである。

紛争解決センターの和解案提示理由書（要旨）

中立人らの所有する不動産は、帰還困難区域・居住制限区域に所在する者、避難指示解除準備区域に所在する者に限らず、本件事故により全損したものと評価した。理由は以下の通り。

① 村復興委員会答申の「かつらお再生戦略プラン」では、「除染は開始されたが不安定要素が多く、生活再建、営農・事業再開にむけて、先が見えない状況が続いている」として

おり、仮に28年4月に避難指示解除があっても、その後相当期間所有する不動産を使用できず、管理不能となることが想定される。

葛尾村は森林が八割を占め、事故当時申立人らの多くは農林・畜産業を営んでいた。又自家消費用米・野菜の栽培、山林の茸・山菜・薪の採取、沢水・井戸水の利用など、申立人らの生活が自然環境と深く結びついていた。

② 葛尾村の除染実施計画はその期間を28年度末とし、住居等は26年度内・農地等は27年度内を目途としつつ、「徐却土壌等の仮置き場が確保できない場合はその限りでない」としているが、26年6月末現在除染に必要な仮置き場は、約五割しか確保できていない。更に積雪期除染の困難性を勘案すれば、予定通りの除染完了は不透明と云わざるを得ない。又村面積の八割を占める森林の内、特別除染の対象は一割であるため、村面積の七割強において除染計画そのものが立っていない。

③ 日常生活必須のインフラが復旧していない。

イ、沢水から基準値に近いセシウムが検出され、他の避難地域と比べてその検出頻度が高い。帰村後飲用水対策をするにも、相当の期間を要する。

ロ、村内の交通制限継続、浜通り各町村の帰還困難区域指定は、生活への影響が大きい。

ハ、村診療所が診療休止し、再開計画は立っていない。介護施設も同様である。

④ 葛尾村産の食品は、出荷制限・摂取制限されており、今後も継続する可能性が高い。特に除染対象外の山林から採取する茸・山菜は、より長期間の制限継続が予測される。

⑤村住民意向調査によれば、「戻らない」23・9％、「判断がつかない」45・0％と、積極的帰還の意向は少ない。帰還を考えている住民も、住環境整備に相当な期間を必要とする。

⑥仮に避難指示が解除されても、所有する不動産を長期間使用できない。又除染やインフラ整備の遅れから、避難指示解除が遅れる可能性もあり、中立人らが従前の食生活・住環境を取り戻すには、更に時間を要する。所有する不動産が長期間放射性物質に曝露し、五年間避難指示区域に存在した事実は払拭できない。周囲森林の除染計画すらないことも考慮すべきである。

（集団申立「推進会報」一三号より）

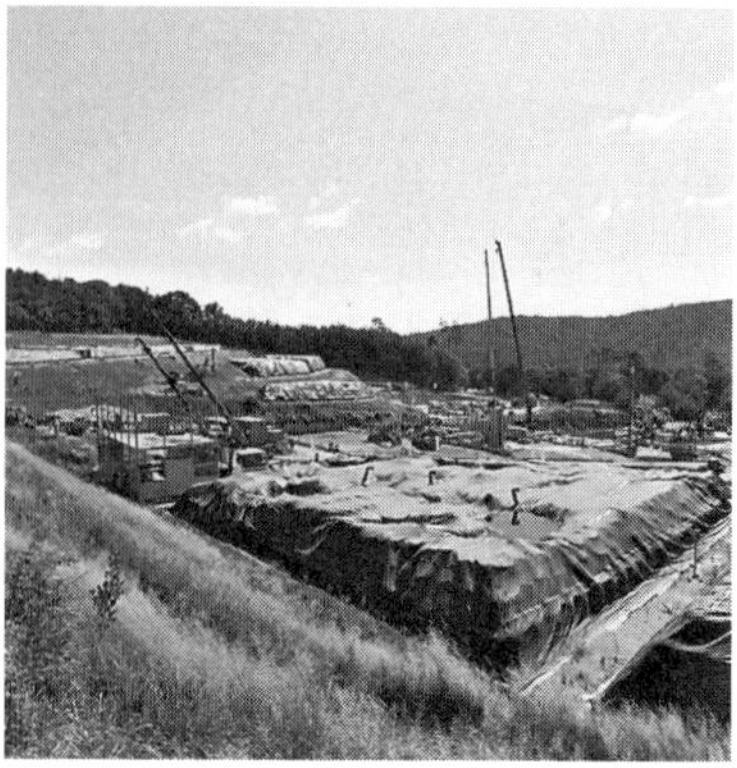

フレコンバッグの奥に仮設焼却施設が建設される（2014. 9. 29）

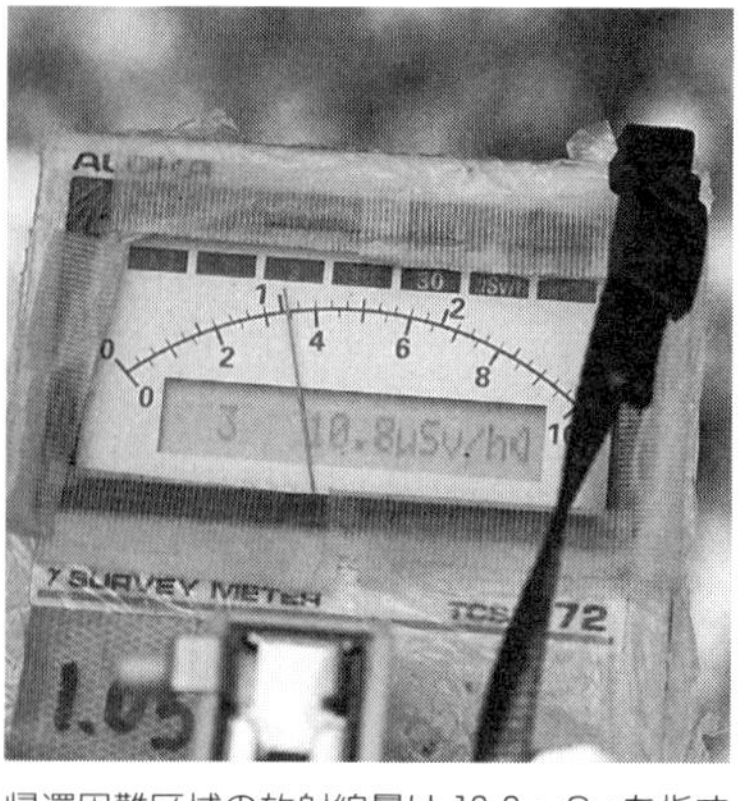

帰還困難区域の放射線量は 10.8 μSv を指す（2014. 9. 23）

この提示理由書の判断の根拠は、葛尾村が策定した「再生戦略プラン」や住民意向調査である。再生戦略プランからその文言を引用しながら、しかしそのプラン通りにはならない条件を列挙して、帰還困難区域同等の賠償が必要と判断している。飲用水や山菜・茸の採取制限・出荷制限が長期間継続する限り、また周辺山林の除染が放置されている限り、事故以前の食生活・住環境を取り戻すにはさらに長期の時間を要すると指摘し、自然環境と深く結びついた住民生活の回復を求めている点は重要である。被災者・住民の生活も自然環境も、原発事故以前の状態に回復しない限り、政府・東電は賠償責任から逃れることが出来ないと、この理由書が示唆している点はさらに重要である。

私たちは集団申立運動の二本の柱として、①精神的賠償の請求を月額三五万円とする、②財物賠償の請求は「全損扱い」（帰還困難区域同等）とすることを、会の統一目標として掲げた。それは政府の避難「区域見直し」によって葛尾村の大部分の地域が「避難指示解除準備区域」とされたことに抗して、その見直しを認めないという立場から、葛尾村全域に帰還困難区域同等の財物賠償を求めたものである。この理由書を根拠として財物賠償の「全損扱い」和解案が提示されたことは、政府とそれに追随する村当局が行った新たな線引きである「避難区域見直し」を、ＡＤＲが真っ向から否定した結果になる。そのことがこの和解案提示の、最も重要な点ではなかったろうか。

東電はこの和解案に対して反論する上申書を八月末ADRに送付し、九月三日の回答期限延期を申し入れ、さらに上申書の回答を求めるなど抵抗したが、最終的に九月一一日「本件限り」という条件を付けて受諾することで決着した。しかしこの付帯条件は村民の間に深い禍根を残す。原発事故による被曝の事実、土地・家屋など財物の価値消失、村を追われ仮設住宅に閉じ込められた過酷な生活など、その損害は村民すべてが同一である。東電の自社都合による「本件限り」という付帯条件は、被災者・村民に差別と分断を持ち込むものと言わなければならない。

財物賠償の和解が成立した後の九月一二日、推進会役員と弁護団側の打ち合わせ会が、東京麹町の被災者弁護団事務所で持たれた。出席したのは私のほか、上京した副代表、事務局長、事務局次長を入れた四名である。冒頭弁護団から以下のような経過の説明と要請があった。

「第二回総会での和解案「全拒否」決定を受けて、申立案件の全取り下げと再度申立て。会員間格差のある和解案を出した前回ADR仲介委員の総入れ替え（訴訟事件における裁判官・書記官の忌避申立てと同様）を要求し実現させた。去る八月二八日、センター（ADR）と弁護団の打ち合わせ会を持った。格差のある不利な世帯については、格差項目を書き出して九月中に書類を提出することとした。精神的賠償の全取り下げについてADR

側は、当初『和解案を出せば物言わず呑むだろう』という判断があったためか、『和解案が出てから全取り下げとは常識外』と言ってきたので、『和解案の内容そのものが常識外』と反論した。さらに『新しく任命された仲介委員・調査官が現地の事情を知らないままでは、正当な和解案を提示することが困難』として、葛尾村「現地調査」、中立推進会役員の意見を聴取する「口頭審理」の開催なども要求している。推進会として対応を進めてほしい」

その後実地調査や口頭審理の具体的取り組みとその準備の進め方などについて、協議し解散した。

今年二回目の放射線量実測調査は、一一月一二日に実施された。前回同様役員会を二グループに分け、各二二個所の調査を担当した。今回調査で判明した新たな事実は、除染済み個所の線量が前回調査より増加していることである。全四四箇所の調査地点中、線量が増えた個所は二一個所、約半数の調査地点で線量増加が認められた。葛尾村の地形は人家も田畑も、道路や河川も小高い山々に取り囲まれ、集落はすべて谷底にあるのだ。村面積の八〇%を超える広大な山域を除染の対象から外すことは、自然現象さえ無視したものであり、除染済み個所の線量増加は必然の結果であろう。

調査終了後、全員は三春町、馬場の湯温泉に移って、一泊の役員会とした。この会が結成発起人会を組織して以来、丸二年の時が経過していたが、私たちはそれ以降、一堂に会して酒を酌み交わし懇談したことは一度もなかった。早めの忘年会とはなったが、飲むほどに酔うほどにますます議論が白熱し、用意したカラオケはついに使われることがなかった。

経費自前の宿泊と宴会ではあったが、翌朝別れる間際、事務局次長が「いい集まりだった。こんな気分のいい時間を過ごしたのはしばらくぶりだ」としみじみ述懐した。私たちはこの間の運動の中で、財物賠償でも精神的賠償でも、一定の成果を上げては来た。しかし現状に順応することが唯一の生き方である村人の中にあって、おそらく会の中心メンバーは周囲から孤立していたのであろう。腹を割って本音で語り合える相手も、機会もなかったからに相違ない。

ＡＤＲの仲介委員調査官を中心とした、葛尾村現地調査は二〇一四年一一月二六日に実施された。当日の参加メンバーはＡＤＲ仲介委員、調査官三名。被災者側代理人弁護士三名。東電側代理人弁護士三名。推進会側立会人は私のほか、松本副代表、同事務局長。大友会計、白岩代表幹事の五名であった。この日は小雨が降ったり止んだりのぐずついた天候だったが、車四台に分乗した一行は、傘をさしたり手にぶら下げたりしながら、村内各地を見てまわった。

村を一巡したあとの最後のポイントは、葛尾川の最上流部、風越地区である。ここまでくるとにわかに風雨が激しくなった。車を止めた空き地の目の前に広がる草山は、この地域の畜産農家が共同で経営してきた放牧場である。今では荒れるに任せた草薮が、傘も飛ばされそうな風雨にあおられ立ち騒いでいる。説明に立った松本副代表は、この地域の畜産組合の組合長でもあった。原発事故当時、行政も畜産関係の上部団体も混乱し、結局自分の手で家畜を殺処分しなければならなかった口惜しさを、涙声で訴えた。

「自分の手で仔牛を取り上げ、成牛になるまで家族同様に育てたその牛を、自分の手で殺さなければならない悲しさが、あんたたちに分かるか。その気持ちが分かるか」

吠えるように声を荒らげる副代表の顔は、びしょ濡れであった。それが彼の涙だったか、吹き降りの雨の雫だったかは、確かめようもなかった。

口頭審理は一二月一六日、ＡＤＲ事務所で開かれた。前日午後私は上京した副代表、事務局長と、被災者弁護団事務所で落ち合った。口頭審理で陳述する内容を項目ごとに分担した原稿を突き合せ、読み合せたりしながら翌日の審理に備えた。

口頭審理当日、私たちはＡＤＲ事務所に集合した。午後一時半から口頭審理は開会された。被災者側の出席は推進会役員三名と代理人弁護士三名の計六名、東電側は代理人弁護士三名。ＡＤＲ側が仲介委員・調査官三名プラス職員四名の計七名であった。

陳述は一人当たり四〇分の持ち時間。最初に事務局長が立ち、「避難当時の経過と家族離散による精神的負担、仮設住宅の劣悪な住環境による病弱者の病状悪化や死亡者増加」など、被災者全般の精神的損害について述べた。二、三の質疑があった後副代表が立った。「事故以前の村の農、畜産業の経過と飼育頭数の推移。家畜殺処分など事故当時の対応。ずさんな農地除染のあり方と後継者が帰村しない不安」などを訴えた。最後に私が立って「住民のほとんどが自家水道で自然湧水や澤水を使用していた事実と水質汚染。山菜茸など自然環境と密接に結びついた住民生活の破壊。山林除染を放棄したことによる除染済み個所の線量増加。ペットの死亡、行方不明による損害」などについて陳述し、午後四時半閉会となった。

発車時刻を待つ間、新幹線ホームでしばしの反省会を持つ。この口頭審理が最終的和解案の提示に、どの程度反映されるのかについては未知数だ。しかしとにかく主張すべきはすべて主張した。

「少なくとも公的機関の中で、被災者が直接意見を述べる機会を、与えられたことだけでも意義があった」

それが三役三人の一致した見解であった。

翌二〇一五年一月末から二月にかけて、精神的賠償第二次和解案がそれぞれの担当弁護士から個々の会員に通知された。今回和解案の前進面は、前回認められなかったペットロス（事故による犬や猫等の死亡、行方不明）の慰謝料が認められたこと、畜産農家の家畜殺処分に関わる精神的苦痛に対する賠償が新たに追加されたことなどである。第一次和解案を全拒否して求めた格差是正は、家族離散等による精神的苦痛に対する賠償で新たに一二世帯が追加され、また前回の慰謝料提示額より増額された世帯が九世帯であった。増額割合の最高額は月額六割（月額一〇万円に対する）となったが、要介護5や身体障害1級などの家族を抱える六世帯がこれに該当した。

集団申立推進会は二月一六日役員会を開き、

① 格差是正に一定の前進があったこと
② ペットロス・家畜殺処分などの苦痛に対する賠償が追加されたこと
③ 仲介委員等による現地調査や口頭審理の開催など様々な取り組みの上で出された結論であること

などの理由から、今回和解案は受け入れる方向で総会に提案することとした。

第三回定期総会は二〇一五年三月七日、午後一時半から開催され、和解案受諾を正式に決定した。やっとここまでたどり着いた。とはいえここで安心して手を抜くわけにはいくまい。東電が今後どのような巻き返しを策してくるのかは予測がつかない。家屋以外の農地や山林などの賠償も、政府が進める避難指示解除と賠償打切りへの対策も、これからの課題だ。たたかいはまだまだ続くのである。

13 レッドトライアングル

私の家は広大な国有林に取り囲まれた、山の中の一軒家である。地続きに接する両隣の土地と我が家の田畑と山林以外は、裏山も国道399を隔てた向い山も、周囲に見える限りの山々はすべて国有林である。我が家の家屋回りと野菜畑、国道に出るまでの私道とその両脇程度を除染しても、見渡す限りの国有林が手付かずで放置されていたのでは、原状回復の意味をなさない。環境省は除染実施の許諾を求めてきていたが、私にその気はなかった。

程なく私の住んでいた地域の周辺でも、道路と河川両脇の除染が始まった。菅ノ又川（高瀬川支流）の源流部は、田村市都路地区と境を接している。山奥の峠付近は、道路も河川もすぐ脇が国有林である。落ち葉や枯草・枯れ枝を掻き集め表土を剥ぎ取ると、むき出しとなった腐葉土の林床はゴミ一つなく、見た目には整地された公園のようになった。

しかしその除染を済ませた個所表面の放射線量は０・７６μ㏜（マイクロシーベルト）であり、除染した個所と非除染箇所の境界から二、三メートルほど奥に入った林床での線量は０・９４μ㏜である。除染による放射能の減少はほんのわずかでしかない。

やがて菅ノ又集落の家屋除染が始まり、ある日一時帰宅をしてみると、両隣の家の除染が完了していた。家屋周辺の空き地や山林は、道路・河川と同様の方法で除染されている。家屋回りの庭先は表土を五センチほど削り、土を入れ替えた。庭先に敷かれた砕石の一箇所で線量を測ってみると、０・６８μ㏜であった。政府の除染目標（年間一ｍ㏜）の約五〜六倍である。

元々原発事故は「ＳＰＥＥＤＩ」の画像を隠蔽し、同心円の図表で国民をだますところから始まった。一部に帰還困難区域を有する飯舘村の村民は、汚染された山野に二か月以上も放置された。本来チェルノブイリを基準とすれば、福島市から郡山市まで避難地域に指定しなければならなかったはずだ。被災区域を小さく見せかける目的のために、この地域の住民は避難もさせられないまま、高濃度汚染地帯に棄て置かれた。

その思想は除染にも貫かれている。形だけ見てくれだけの除染を済ませ、年間被曝線量の限度を理由もなく、一ｍ㏜から一挙に二〇ｍ㏜に引き上げて避難指示を解除し、被災者住民を高濃度汚染地帯に追い込もうとする。それが除染という作業の真の目的である。隣近所の除染に刺激されて、見た目の良さに惑わされてはならない。形ばかりの除染を済ませて、帰還を促す政府の意図は見え透いている。

「政府がやると言ってるんだから、やって貰ってもいいんでないの」

妻のヤス子がそう言い出した。効果の程はともかくとして、原状回復の責任が政府・東電にあることも事実だ。私の気持ちも徐々に揺らぎ始めた。

菅ノ又集落の農地除染が始まったのは、二〇一四年春からである。田畑は土を五センチ削り取り、新たな土を運びこんで入れ替えた。田畑の土手やあぜ道は、枯草や灌木を根深く刈り取り、袋詰めにして運び出した。こうして両隣の家屋周りも農地も、すべて除染が完了したので、除染にまったく手を付けないのは、この集落で我が家一軒だけとなった。

そもそも除染という作業は、核分裂によって生じた放射性物質が、現代の科学技術では分解も消滅もできないという事実を、忘れるか無視したところから始められる。たとえば道路・河川両脇の山林の落ち葉や枯草枯れ枝を集めて袋詰めにすれば、その袋はそのまま放射性廃棄物である。建物や道路面に付着した放射能は、洗浄すれば地に浸み込んで新たな汚染源と化し、家屋を洗浄し汚水を流し込めば、側溝や川に際限なく蓄積する。その上学校や民家周りの表土を削り取り、更に地域内全般の田畑の土を剥いで積み重ねたとしたら、村中至る所の田畑や空き地の仮置き場に、除染ゴミのフレコンバッグが山となるのは必定である。しかもその放射性廃棄物のフレコンバッグは、いつ運び出されるのか見当もつかない。要するに除染とは、放射性物質の単なる移動と再蓄積にしか過ぎないのだ。その上村面積の八〇％を超える広大な山林と原野を、手付かずで放置している。政府、東京電力は「原状回復の責任」を放棄しているばかりではなく、この村でこれから先も生きていかなければならない被災者の、住民生活を回復させようという気すら毛頭ないのだ。

そこまで理解はしていても、土を入れ替え整地された田畑は、すぐにも植え付けできそうな耕地に見えてくる。しかしこの田畑をトラクターで耕起すれば、入れ替えた表土と放射能が浸み込んだ底土が攪拌され、中和されるだけであって、放射能の減少は、元に戻るかほんのわずかにしかなるまい。しかもそれが田圃だった場合には水稲を育てるその水は、除染しない山林から湧き出し流れ下る谷川の水である。水稲の試験栽培に取り組む農家が十指に満たないのは、農地除染の在り方やその効果に疑問が残るからであろう。

しかし見た目の良さも軽視はできない。もし私がこのまま除染を拒否し続ければ、隣近所の田畑で耕作できない理由を、除染への疑義や放射能への不安ではなく、手近な私のせいにされてしまう恐れがある。そうした懸念もあって私の気持ちは、次第に除染許諾へと傾きつつあった。

「推進会」三回目の実測調査は二〇一五年六月二日に実施された。今回の調査では手違いから、調査漏れが八個所もできてしまった。やむを得ず全体の調査個所を三六個所に減らすしかなかった。今回調査の特徴は前回調査（昨年一一月一一日）の数値より、線量が増加している個所が多かったことにある。調査地点全三六個所のうち、線量が増加したのは二三個所であった。放射能には自然減も当然ある筈なのに、前回より減少したのはわずか一三個所に過ぎない。全調査地点の三分の二に近い個所での、今回の線量増加は異常と言っていい。しかし何よりも重視しなければならないのは、除染をしてもその効果が薄いばかりではなく、調査の回を追うごとに除染済み個所の線量が増加し、逆戻りしてゆくことである。

葛尾村の地形は人家も田畑も道路も、すべて広大な山域に囲まれている。村面積の80％を超す山林と原野を除染の対象からはずし、手付かずで放置しているのだ。雨や雪解けによる山地からの流入、風による落ち葉や土埃の飛散などが、線量増加の原因と考えられる。自然現象すら、無視して進められる除染とは、一体何であろうか。

福島環境再生事務所の県中県南支所に、除染に関する電話連絡をとったのは、二〇一五年六月の半ば頃であった。現地立会と話し合いの予定は七月二八日と決まった。当日写真や図面付きの膨大な資料を携えてやってきたのは、葛尾村職員で環境省に出向している菅野章吉であった。二〇年以上も昔のことであるが、彼が自治体職員の労働組合である自治労の委員長をやっていた時期、私の家で社労農の会議を開いた際に、役場職員の代表として何度か顔を出していたこともあって、よく知った間柄である。とはいえ今の立場は政府、環境省の代弁者である。その場で資料を見て説明を聞いてみると、見過ごせない問題があることに気付いた。早速話し合いに入るとたちまち押し問答になった。

問題は二つあった。一つは国道から二〇メートル、畑と草地に続く二〇メートル、国道に出る私道から二〇メートルとして除染の範囲を決めると、道路側の山林にわずかな三角の空白地が生まれる。たった二アールか三アールのその部分を、除染しないで残すというのだ。もうひとつは裏山の除染である。我が家の裏山は軒先から一〇メートルほど登ると、そこから上は国有林である。家屋から二〇メートルを除染の範囲とすれば、国有林を一〇メートル位除染してもまだ中腹である。その位置からさらに一〇メートルほど登らないと裏山の尾根に達しない。中腹から下を除染しても、その上部に除染しない個所が残るとしたら、大雨や雪解けで放射性物質が流れ出し、家屋にまで達する恐れがある。尾根の頂上付近まで、除染の範囲を広げて貰いたいと要求してもできないという。

「除染の目的が被災者の住環境を回復することにあるとしたら、住民に要求があればそれに応えることが先決ではないか」

「住民の要望や要求は人によって千差万別なので、それをいちいち聞き入れていたら、収拾がつかない」

除染は国の施策として実施するのであって、お前らは口をはさむなと言わんばかりの態度である。結局話し合いは決裂。こちらの要求はそのまま持ち帰った上で、環境省として検討すること、除染を許諾するか否かはその後に決定することとした。

五日ほど後に菅野章吉から電話連絡があって、「検討の結果、要望は受け入れられない」と断ってきた。私は電話のやりとりだけで事を終わらせる訳にはいかないと思い、八月一一日付で県中県南支所長あてに、文書で要望を提出することとした。

環境省福島環境再生事務所　県中県南支所長　殿

除染に関わる質問並びに要望書

（前文省略）

記　（以下要旨）

1、立会を巡るこの間の経過　**（省略）**

2、質問事項

「除染」の目的をご説明ください。

被災者・住民の安全・安心を求める目的がもしあるとするならば、住民の要望がある場合は可能な限りこれに応じて、住民が安心して帰還できる条件を整えることが、これを進める政府の責務であると考えますが、いかがですか。

3、要望事項

イ、7月27日現地立会・話し合いの際申し上げた通り、家屋背後20mの除染では、裏山の中腹までにしか達しない。裏山尾根頂上部まで除染を拡大して、非除染箇所を無くすよう対処していただきたい

ロ、7月27日話し合いの際、環境省が作成した除染計画書を手交されました。これによれば国道399号から20m程入った付近（ほぼ山林中央部）に、わずかな非除染区域が生じることが新たに判明しました。この非除染箇所を無くすよう対処されたい。

以上2箇所の要望はいずれの箇所も、わずか2〜3アールにも満たない面積と思われます。この要望をぜひ実現され、被災者住民の安全・安心に資するようご配慮頂きたく要請する次第です。

この要望に対する環境省の回答（九月一四日付）は、環境省の知見と称する見解と、要望は受け付けないという通告である。内容は以下の通り。

除染に関わる質問並びに回答について

福島環境再生事務所　県中県南支所（除染等推進第二課）

（前文省略）

八月一四日付質問要望について回答します。

記　**（以下要旨）**

（目的）

事故由来の放射性物質による環境汚染が、人の健康や生活環境に及ぼす影響を速やかに低減させるために取り組んでおり、効果が実証され広範な展開が可能でかつ合理的な方法を基本とする。除染実施後も局所的高線量個所や一年後の事後モニタリングに応じて、フォローアップ除染を実施する。

（森林除染の方法）

宅地・農地等に隣接する森林の、林縁から20mを目安に実施。現時点での知見ではセシウムの森林外流失は少なく、林縁から10m程度除染範囲を拡大しても、林縁の空間線量率の低減はみられない。20m範囲以遠の森林全体の除染は、さらなる調査研究の上で判断する。従って今回の2点の要望は、お答えすることが難しいと考えます。

この回答は被災当事者にいかなる理由や事情があっても、要望は受け付けない。除染はあくまで政府の既定方針で進めるという、一方的な宣告にほかならない。前文冒頭には「原発事故を引き起こし被災者に迷惑をかけて申し訳ない」という、紋切り型の謝罪文は記載されているものの、基本的な姿勢に加害者としての自覚がまったくない。かといって除染を拒否したままにしては置けない事情がこちらにはある。私は最終的に以下の文書(九月二五日付)を環境省に送付して除染実施を許諾することとした。

環境再生事務所　県中県南支所　除染等推進第二課長殿

要望・質問への回答に対する見解と除染に同意する件

当方の質問並びに要望に対する9月14日付回答を受納しました。しかしながらその回答内容については、下記の理由により承服することはできかねます。とはいえ周辺世帯の宅地・農地の除染が進みつつある現在、隣近所への心理的影響もこれあり、これを放置する訳にもいかないところから、「当方の宅地・農地等の除染に同意する」こととし、その旨申し送ります。

記　**(以下要旨)**

1、回答内容に承服できない理由

☆　このような事故を引き起こした当事者には、汚染した自然環境・被災者の生活環境を、原状回復すべき当然の責務がある。「森林内の放射性物質は土壌表層にとどまり流失しない」として、当村総面積の80～90％を占める山林の放射性物質を除去しないまま放置し、更には先送りしている処に、端的にそれが表れている。

☆　「モデル事業の知見」として列挙している諸事項を見れば、「水は低きに流れる」という自然現象すら無視され雨や雪解けによる流入、風による落ち葉や土埃の飛散なども考慮されていない。

　又「知見」として掲げられた諸事項は、すべて結論のみである。当方が求めているのはその結論に至る科学的根拠であり、立証する裏付けのデータである。

☆　これでは「放射性物質は林床にとどまり流出も飛散もしないから差支えない」「林縁から10m程度除染範囲を広げることはムダだからやらない」と通告されたに等しい。何らの根拠も示さず、知見と称する結論のみを与えられても、納得できる回答とは言い難い。

☆　我々グループの放射線量実測調査によれば、当村の除染済み個所の線量は、調査の回を追う毎に確実に増加している。その理由は広大な否除染区域山林からの雨や融雪による流入・風による落ち葉・土埃等の飛散が、その原因であると考える。

2、当方の要望について

☆　回答に納得できないものである以上、要望を取り下げることはしない。ただし「要望には答えられない」との回答なので、その要望を除染同意の条件とはしない。要望はあくまで要望として留保するので、その要望を可能な限り実現するよう改めて要請し、今後の推移を見守るものとする。

☆ 当方の要望は、たかだか数アールに満たない除染範囲の拡大である。些細なその要望を全く無視して、一切を既定方針のみで進められた場合は、その杓子定規な扱いを後世に伝えるため、その事実と経過を記録として残すこととする。

以上

私は秘かに決意し始めた。道路側の小さな三角地を環境省がもし除染し残したら、その非除染箇所を真っ赤に塗った波トタンかアクリル板で囲って、経過を書いた看板を掲げよう。その場所は399国道から二〇メートルしか離れていない。道を走る車からも容易に見える筈だ。ほの暗い杉森の中の真っ赤な板囲い「レッド・トライアングル」は、道行く人々の眼をひかずにはいないだろう。詳細を記したその看板がそこに立っている限り、被災者の要望を容赦なく切り捨てた事実が、加害者の非を告発し続けるだろう。

「やってやる。必ずやってやる」 そう私は腹を決めたのである。

14 新居をもとめる

一行四五名を乗せた貸切りバスは、秋晴れの東北道を福島に向ってひた走った。二〇一五年一〇月一一日、第二回目の詩集『わが涙滂々』現地探訪ツアーの往路である。第一回ツアーのアンケートや感想文集などで、次年継続を求める声が多数を占めたため、「葛尾村、飯舘村視察」を柱として二回目の催行を企画し、バス乗車定員ギリギリの参加数となった。一回目のツアーでは娘の美日がすべてを一人でとり仕切っていたので事務的負担が大きく、見兼ねた脱原発運動の仲間が実行委員会事務局に加わり、任務を分担してくれたので、参加者募集やコースの設定、バスの手配やしおりの作成から当日の段取りまで、スムーズに進めることができた。

車中の著者挨拶では「葛尾村も飯舘村も阿武隈山系の頂上部分に位置し、地形が酷似しており、今進めている除染は家屋周りや道路河川の両脇二〇メートルの範囲だけなので、村面積の大部分を占める山林は、汚染されたまま放置されていること。私たちグループは除染済み個所の放射線量実測調査を進めているが、除染による線量の減少は二三〜三〇％でしかなく、七〇％強の放射能が今も村に居座っていること。政府、東電が事故の後始末すらできない中で避難指示解除を急ぐのは、『賠償の早期打切りと原発事故から国民の目をそらすため一件落着としたい』目的があること。原発賠償を東電に直接請求すると言う現在のあり方は、加害者の定めた枠内で加害者が査定して、加害者が賠償金額を決めるという仕組みであること。この原発賠償の不当な仕組みに対抗するため、ＡＤＲ集団申立の運動が葛尾村でも飯舘村でも、進められていること」などを訴えた。

二本松ＩＣを降りたのは午後一時半。二本松から飯舘に向かう路上で、飯舘の案内者と落ち合った。案内者は私の知人である地元の高橋義治・和蕎麦店主（元全逓支部執行委員）である。彼は「郵便局を定年退職した後に飯舘で手打ちそばの店を開業したが、その直後に原発事故に遭遇し、現在は福島市郊外に避難している」などの自己紹介を交えて、「先日の集中豪雨で除染ゴミのフレコンバッグが多数流失した」ことなど飯舘村の近況を伝えた。

峠を越えて飯舘村に入る。今年は季節の進行が遅れているせいか、やっと色づきはじめたばかりの漆や山桜の紅葉が、時折車窓をかすめる。葛尾村より平坦な耕地の多い飯舘村。

広大な田畑や空き地に黒いフレコンバッグが、むき出しのまま三段積み、四段積みで積み重ねられ、際限なく続いている。異様なその光景に、参加者が驚きの声を上げる。所々で車を止めて、フレコンバッグの山を写真に撮ったり線量を測ったりした。「5・3μSvだ」「こっちは7μSvを超した」などの話し声が聞こえる。

それから案内人が経営していたという今は戸閉めの食堂や、「日本一美しい村」と名付けられた飯舘村の、人一人いない役場庁舎に立ち寄った後、今夜の宿の岳温泉「櫟平ホテル」に向かった。

夜の交流懇親会は、詩集出版元の西田書店日高さんの乾杯音頭で始まった。現地参加した日音協福島県支部の南條事務局長が、自身の作詞作曲による「遠く離れて子守唄」など数曲を披露した。詩人の石川逸子さんの詩の朗読、成田市の朗読グループ「しなたけ会」会員による、『わが涙滂々』から選んだ詩の朗読などもあり、最後は日本音楽協議会から参加したメンバーによる、日音協ソングの合唱で懇親会を締めくくった。

翌一二日は午前八時半にホテルを出発。二本松市内一巡の後、葛尾村へ。飯舘同様黒いフレコンバッグが田畑や空き地を埋め尽くし、山となってひしめいている。

最後に事故の傷痕を無残にさらした、我が家に立ち寄る。被曝した家財は東電が引き取り処分するというので六、七月にかけて整理し、関東方面から派遣された東電社員が運び出したその家財が、駐車場一帯に山積みされている。炊事場から引き剥がしたガス台や流し台、洗濯機や冷蔵庫など電気器具その他の家財はむき出しのままで、靴や書籍やノート類、印刷物など小物は、黒いフレコンバッグに詰めこまれ放置されている。積み上げられた椅子やテーブルこたつ、袋詰めされたビデオテープや写真フイルム手紙類には、この地で長く生きてきた汗や涙や記憶が浸み込み、まとわりついている。廃棄されようとしているのは、妻や子や孫たちの人生そのものである。駐車場を占拠するゴミの山を、参加者が目を見張って覗いていた。

船引町辰巳屋迎賓館で昼食をとった後、葛尾村の仮設団地が集中する三春町に移動。鷹ノ巣公民館で被災者との懇談会に臨む。

「何年もかかって土作りして胡瓜を植えた。『甘くて香りがいい』と評判になった。これから大量に作って、出荷する予定だったのに原発事故。畑作りが出来ないのが一番悔しい」

「事故からもう四年半。周囲に気兼ねして忍び足で歩くことだけ、上手になりました」

被災者の生の声を胸に刻んで、ツアー一行は帰途についた。

一〇月一六日はガンマ線カメラによる放射線撮影の立会日である。撮影希望者は村役場に申し込むこととなっていたので、届け出て置いた結果この日の撮影と決まった。当日は重たい機材を携えて、撮影班がやってきた。

家の角々や玄関先など、家屋の外周り数個所を撮影するのだが、放射線の濃度が色で出て来るという。半信半疑でしばらく覗いていると、だんだん色が浮き出てきた。濃度の低いところはそのままカラーの風景か、やや青味がかった映像だ。それより高いところは黄色で、最も濃度の高いところが赤で表示される。濃い色の目立つところは玄関先から西方向の草むらと、家屋西側の脇庭で、防風林の根元付近に赤色が散見し、北側裏庭に最も高い表示が表れた。自分の線量計で測ってみると、1・7〜8μSvを超える数値であった。

カメラの画面から目を上げると、そこはいつもの見慣れた庭先の光景があり、人の目で見る限り放射性物質という異物はまったく存在しない。しかし画面の上では確実にそれが表示されている。ガンマ線カメラの画面上は、普通のカラーで映っている風景が大部分である。しかしその場所に行って線量計をかざすと、空間線量は0・5あるいは0・6μSvが表示される。つまり画面に色が出ようと出まいと、目の前の庭先には放射能が充満している。そしてこの空の下の見渡す限りの空間を、縦横無尽に放射線が飛び交い、人間やすべての動植物を照射し、犯し続けるのだ。事故当時のあの日、バレーボール大の目に見えない放射性物質の固まりが、次々打ち込まれるスパイクのように地に叩き付けられ、炸裂した無色透明の放射性物質が、あたり一面に飛び散る光景が脳裏に思い浮かぶ。人間は何という途方もない凶悪な、そして手に負えない物質を作り出し、まき散らしてしまったのだろうか。

その後環境省から「冬が間近で冬季に作業はできないので、来春早い時期に除染を開始する」と言ってきた。私は今までの環境省とのやりとりで、「除染」がそこに帰還して人間が暮らしてゆくための、住環境の回復をまったく目的としていないことを、よくよく思い知らされた。元々除染に何の期待もないまま、隣近所の手前許諾したものであり、開始時期などはどうでもよかった。

事故前の私たちの生活環境は、国有林に囲まれた穏やかな山中の暮らしである。この地に移転した直後は、建てたばかりの家を鬱蒼とした樹林に取り囲まれた、山小屋住まいであった。「朝起き出して囲炉裏の自在鉤に、味噌汁を掛けて茸取りに行くと、その味噌汁が煮え立つ前にイノハナでも赤茸でも、笊一杯採れた」と今は亡き母親が、よく当時を思い出して述懐していた。

茸はさほど遠くまで出かけなくても、わが家の雑木林の林床に群生していた。イノハナ（香茸）は二、三〇センチ程の幅で、七メートルも一〇メートルも、道を引いて出ていた。

そのイノハナは冬用として、稲ワラに五、六個程刺して、干場に並べて乾燥した。屋敷の裏山から国道に続く尾根の南斜面には、ひと群れ二、三〇個程の赤茸が、幾筋も道を引いていた。秋が深まって霜が降りる季節になると、目の前の敷地一面の林床に、紫シメジが折り重なりひしめき合って群がり出た。

国道側二〇アール程の平坦な雑木林の林床は、野花菖蒲や擬宝珠が茂る湿地だったが、春になるとゼンマイが群生する。裏山陰のまばらな松林には、下生えの灌木の間にわずかな草原が広がり、ワラビやフキが一面に芽生える。戦後の食糧難時代には、ワラビや芹やウルイなど、山菜過多の雑炊を作って飢えをしのいだ。

今現在でもフキやワラビやゼンマイなどは、干したり漬けたりして冬場の野菜不足を補うのだ。山で暮らす人々の日常は、こうしていつも山の恵みに支えられて生活しているのだ。そんな暮らしを一変させたのが原発事故である。見た目には事故前と少しも変わらない山野が、今も目の前に広がっている。山菜も茸も以前と同様に、季節が来れば芽をふき頭を出すのだ。しかしその茸も山菜も採る訳にはいかない。喰う訳にもいかない。事故後四年半が過ぎた今でも、山菜はワラビ、ゼンマイ、フキなど七品目が採取あるいは出荷制限され、特に茸は放射能吸収率が高く、イノハナを検査にかければ、一万六〇〇〇ベクレルを検出するという。

イノハナ飯が炊き上がり釜の蓋から湯気を吹き出す頃、家中の部屋の隅々にまで立ち込め充満する、あの豊かな香りにはもう会えないのだ。事故前の住環境と生活環境を取り戻すことは、もはや不可能なのに違いない。ふるさとに帰還する意思が、徐々に薄れてゆくのを自覚せざるを得なかった。

今年二回目の実測調査は、一〇月一八日に実施された。前回調査では地表、空間ともに前々回調査を大幅に上回る線量が検出されたが、今回線量増加した個所は、わずか六個所と比較的に少なかった。調査終了後役員会を開いた。その席上で近日に迫っている村議会議員選挙に、松本信夫副代表と松本操事務局長が出馬の意思を表明した。会としてはただちに「推薦候補」とすることに決定し、会報で周知した。

原発事故からすでに四年半。村議会の活動といえば、予算案が可決されたとか条例が改正されたとか、村の「広報」で周知される以外には、村議会の存在が表に出ることはあまりなかった。定員八名のその議会に、推進会の立場で物申す議員を二名も送り込むのだ。議事運営が難しくなるのは明らかである。村当局にとって議会は、波風のたたない平穏無事が良いに決まっている。村側は必ず対抗馬を立ててくるだろう。何としても当選をかちとる以外ない。役員会後に催された一泊忘年会は、さながら両名の激励会の観を呈した。

村議会議員選挙は一一月五日に告示された。予想に反して定数立候補となり、二人の当選が確定した。てっきり対抗馬を立てて両名の追い落としにかかるものと警戒していたが、空振りに終わった。

一一月半ばに事務局長と副代表の自宅を回り、当選を祝した。副代表は郡山市の郊外に中古住宅を手に入れて、そこで暮らし始めていた。見晴らしのいい農村地帯の一角である。彼はすでに長男から「葛尾に戻る気はない」と宣言され、家業の畜産は自分一代で終わるものと覚悟している。その晩は勧められるまま、副代表の新居に泊まった。後継ぎを失った口惜しさと、その原因となった原発事故への憤りを一晩中聞いた。

どのみち今の状況下では、被災者がふるさとに帰れる道は閉ざされている。副代表が郡山に居を定めたことに刺激された訳ではないが、私もいずれ去就に決着をつけなければならない。元々妻のヤス子は「福島に帰りたい」一心である。葛尾村に戻ることが不可能ならば、せめて村の仮設団地や復興住宅が集中する三春町か、その近辺に住みたいというのがヤス子の希望である。

終戦直後に建てた我が家は築七〇年のオンボロ家屋で、財物としての価値は最低である。賠償額の範囲で住居を求めるとすれば、新築には手が届かない。結局手ごろな中古物件を探すしかなかった。年末も押し詰まったある日、知り合いの業者の案内で三春町内と田村市船引町の物件を見てまわった。しかし船引と三春は小バブルの傾向を呈していて、適当な物件が見当たらない。

業者の新聞折込みや、娘がインターネットで探した物件のいくつかを頼りに、本格的に郡山近辺を下見して回ったのは、年が明けた一月半ばである。郡山市は東北道から西側の線量が高いので、三春町に隣接する市東部地域が下見の対象である。郡山市舞木地区や東部団地などを回って、最後にたどり着いたあぶくま台団地は、郡山市街東部の高台である。団地の南外れに位置するその物件は、住宅の前面と西側が農用溜め池に落ち込む急斜面で、その方向の眺めにはさえぎるものがなかった。着いたのが日暮れ時だったので西の空一面を夕焼けが彩り、眼下に郡山市街の夜景が、燦然と煌めいて一面に広がっていた。

結局郡山市あぶくま台のその家屋を、契約することとなり手付金を支払った。

15 住民説明会の顛末

私たち推進会は昨年末の村議会選挙により、議会の四分の一の勢力をかちとった。二名の推進会所属議員を送り込んだ効果は、まもなく表れた。五年間音沙汰なかった村議会が、村長に対する要望書をとりまとめたのである。

二月五日付で村長に手交したその要望書の内容は、「村の復旧復興はまだ道半ばであり、村民の安心安全を守るための対策も不十分である」として、「今後進めるべき諸対策の提案や政府の対応を不満とした国に対する要望要請の提起」、など総件数三七項目にわたる内容だった。

その中で特に重要と思われるものは以下の通りである。

① 帰還環境の整備状況からみて避難指示解除は時期尚早であり、準備宿泊延長で対応すること。避難指示解除は閣議決定で政府が示した時期（事故後六年）としても、そ

の時期（来年三月）に向けて環境整備を加速すること。

②除染については村目標として年間一mSvを目指し、除染後の検証と結果を公表すること。家屋内部や農業用水路の除染、山林の除染を強く要望すること。居住制限区域（蔭広谷地）は線量低減に努めると共に、この地域の避難指示解除は帰還困難区域（浪江町）の除染完了後とすること。

③帰村の判断は村民の安心安全と、破綻した原発の安全が担保され、すべての村民が納得した上での判断とすること。

④精神的賠償は避難指示解除後最低三年間延長し、更に税や保険料等の特例措置を延長して、解除後の負担増とならないよう支援策を講じること。

⑤田畑の再開方針、森林の再生計画を公表すること。また仮置き場の除染廃棄物の早期搬出を要望し、跡地の農地回復行程表を明らかにすること。

他に学校運営方針の公表や通学路の安全確保、仮設住宅の環境整備などを求めている。これに対して村当局は三月一日付きで「回答書」なるものを発出し、一方では「要望については今後村議会と十分に話し合いながら進める」としながらも、個々の要望項目については従来経過の説明と政府の見解・方針をくり返すことで全面否定し、「避難指示解除は時期尚早である」という村議会の見解を黙殺しようとしている。

村議会議員は選挙によって選ばれた立派な住民の代表である。その議会の総意をもってまとめた要望書を、無視することは許されない。しかも「回答書」なる反論をもって論破した心算でいることは、傲慢不遜な態度と言わなければなるまい。要望はあくまで要望であって、相手の意向として、謙虚に受け止めるべきであろう。少なくともいたずらに論争の具とする筋合いはない。しかしこの要望はその後深く追及されることもなく、環境省担当副大臣など政府関係者を入れての村議会、全員協議会などで、なし崩しに外堀を埋められていった。

避難指示解除に関する政府方針は二〇一五年六月一二日閣議決定され、さらに同月一九日の改定によって解除日程のみが強調され、実態を無視したスケジュールだけが一人歩きする結果となっていた。しかもその改定で年間積算線量を二〇mSvとすることを公表し、世界的には常識である年間一mSvを平然と無視して、踏みにじるという暴挙に出て来た。

集団申立推進会の第四回定期総会は、三月一三日、三春町鷹ノ巣公民館で開催された。議論の中心は執行部が提起した活動総括で、「前年度の申立は避難による生活費増加等の第二次申立が中心であり、個々の会員と担当弁護士との間でそれぞれに進められた関係で、推進会全体の進捗状況を、事務局で把握することが困難となった。そのため会員と弁護団との意思疎通に齟齬があったので、今後は弁護団からの進捗状況を、代表・事務局長へ定期的に送付し点検することとした。

役員改選では総会前の役員会で、私から「東京と福島を往復することの困難性と高年齢」を理由に辞任を申し出たが、三時間議論しても結論が出ず、「現状維持」とする以外なかった。総会では病気入院中の幹事の入れ替えだけを認めて、他の役員は全員留任となった。

三月後半は新居の家財や日常生活用品などを購入するため、郡山通いが続いた。葛尾村で使用していた家財や生活用品はすべて搬出し処分したため、新居の家具類は一から揃える必要があった。テーブルやソファーからベッドと寝具、電気器具やカーテン類などをはじめ、キッチン用品は鍋釜から箸茶碗、大小の皿や丼に至るまで買い整えた。再々の郡山通いを節約するため、配達日を四月中旬に期日を定めて依頼した。


避難指示解除に関わる住民説明会は、四月一〇日として周知された。会場は田村市船引町「辰巳屋迎賓館」で、午前と午後の二回にわたって開催し、三春町の各仮設団地に送迎の車を回して村民を集める段取りである。

ところが突如として四月六日、政府が示した六月一二日避難指示解除を、「村長が受け入れ、すでに決定された」ものとして、新聞・テレビで報道されたのである。村民には

「寝耳に水だ」と驚く者もあったが、「お膳立てはすでに終わっているんだ」と冷めて受け取る向きも多かった。

二〇一六年四月一〇日、帰還困難区域を除く葛尾村の、避難指示解除に関わる住民説明会が開催された。午前の部は一〇時開会。村長挨拶と国側の提案があった。政府・環境省は会場で「葛尾村の平均線量が四八%減少したので、避難指示を解除する」というまことしやかな文書を配布して解除の根拠とした。

午前の部の討論は、先ず居住制限区域に住む村民から「避難指示解除準備区域と居住制限区域を同時に解除するのはおかしい。私の集落は、帰還困難区域の浪江町に隣接している。避難指示解除を決める前に、先ず浪江町分の除染をして貰いたい。先日避難指示解除が決まったこととして新聞に出た。村民にとっては突然のことで受け入れ難い」と意見が出され、引き続いて私が「避難指示解除をあたかも決定したかのように発表したのは誰か。先に決定事項を突き付けておいて、住民説明会を開く。これでは『決まったことだから黙って従え』と言っているのと同じだ。村民に服従を強いるような、避難指示解除は絶対反対である」と発言した。

これに対して村側は「村として今年三月帰還を目指してきた。しかし帰るか帰らないかの判断は、本人の自由。帰りたい事情のある人の気持ちも考えてほしい」と答弁した。私は「村が三月帰還を目標としてきた経緯は承知している。しかしそのことと避難指示解除とは別問題だ。村長の一存で解除を認めたかに報道されたことは、意図的な行為と解釈する以外ない」と追及した。村長から「記者会見での言葉足らずから、誤解を招いた点は申し訳ない」と謝罪があって、「避難指示解除はまだ決定した訳ではない」と改めて表明され、解除が未決定であることを再確認した。

次に私は「村議会から村長あてに出された要望書は、村の現状と村民の置かれた立場を的確に分析し、『避難指示解除は尚早』と判断している。これに対して村当局はこの要望を『回答書』なる一片の文書で、全否定している。村議会議員は選挙によって村民が選んだ住民の代表である。その要望を受け入れなかった理由は何か。山林除染は手付かずのまま放置し、村中に除染ゴミの袋詰めを山積みにして置いての、避難指示解除は狂気の沙汰だ。村は国に対して抗議すべきではなかったか」と主張したが、まともな答弁はなかった。

さらに私は政府・環境省に対して、次の通り意見を述べた。

政府に対する小島代表の意見（4／10住民説明会で）

☆　私の家は四方を山林に取り囲まれ、覆いかぶさるような樹木の真っ只中で暮らしてきました。葛尾村の住民は大方同じような環境で生きてきた。村面積の70～80％を占める山林が汚染され、除染もせずに放置されている。今この状況下で避難指示を解除されても、事故前の住民生活をどうして取り戻すことができるのですか。しかも除染したのは家屋の周り半径20mの範囲だけ。これでは半径20mのオリの中に閉じ込められるのと同じではないですか。被災者住民を檻の中に閉じ込めて、それが政府の目標とする復興ですか。私たち被災者を切り棄てにして、それで政府は満足ですか。

☆　今回の原発事故は政府の原発推進政策によって、必然的に引き起こされたものです。従って政府が加害者であることは明らかです。加害者の加害責任は被害金額を賠償し、被害の状況を原状に回復することにあります。事故以前の状態に戻すことが、加害者の責任であるということです。あなた方はその責任を放棄している。加害者としての自覚はあるのか。環境省の知見によれば、「放射性物質は林床にとどまって拡散も浸透もしない」として、その見解を山林除染放棄の理由にしている。とんでもない話です。もし放射性物質が林床にとどまってそこにあるのなら、林床の放射性物質を直ちに取り除きなさい。それが原状回復です。山林除染を放棄することは、原状回復を怠っている証しです。加害者責任の放棄です。

☆　この原発事故を交通事故に置き換えてみれば、汚物を積んだトラックが人家に突っ込んで家中汚物をまき散らしたとする。加害者は当然その汚物を取り除かなければならない。その加害者が炊事場と居間と作業場だけは片付けたものの、他の部屋は汚物をまき散らしたまま、合わせて賠償も取りやめると言ったら、それが通りますか。その加害者は刑務所入りか、罰金刑です。政府がやっていることはそれと同じです。国民がやったら刑罰を科されるのに、同じことを政府がやったら許されるのですか。もしそれが許されるとしたら、その根拠は一体何ですか。

☆政府は年間被曝線量1mSvを、一応目標に掲げてはいる。しかし実質的には避難指示解除の限度を、国際基準の20倍・20mSvに置いて避難指示を解除しようとする政府は原発事故の後始末さえ、満足にできていない高濃度汚染地帯に、被災者・住民を家畜のように追い込むつもりですか。

☆この状況下で避難指示を解除し村民を帰還させて、もしこれから原因不明の病気が多発したら、そして死亡者数が激増したら、一体誰が責任を取るのですか。いわれのない想像で言っているのではない。チェルノブイリでは事故後三〇年が過ぎた今でも、ガンや白血病・甲状腺疾患で苦しんでいる人が多数いるからです。政府は病人が増えても死亡する人が出ても、「原発事故とは関係ない。放射能との因果関係がない」と唱えて、一時逃れをするでしょう。しかしいくらごまかそうとしても統計上の数字はごまかしようがない。そのような事態に立ち至った時には、一体誰が責任を取るのか、明確に答えて下さい。

（「推進会報」二七号より）

最終結論は未定と表明されたため、結論は暗黙のうちに村当局に一任する形で、午前の部の住民説明会は強引に打ち切られた。

閉会後何人かの新聞記者から取材を受けているうちに、私は気付いた。政府が会場で配布した資料の「放射能48％減少」については、追及が不十分ではなかったか。私たちが持っているのは、実測調査によって記録した三年間にわたる村全域の、しかも調査の度ごとに線量が増加し続けるという、数値の推移である。もっと自信をもって「48％減少」のまやかしを暴くべきだった。

会場入口で同行した共同通信の記者に出会った。「さすがに小島さんの発言は迫力があった」と言われる。その時ふと私の胸中に一抹の不安がよぎり、にわかに広がり始めた。

私は一体何に向かって吠えていたのだろうか。言うべきことは確かに言った。だがそれはそれだけに終わった。彼らには住民の意見を聞く耳などなかったのだ。住民説明会とうたいながら、住民の理解など求めてはいなかった。求めているのは彼らの立てたスケジュールと、その目的になぞらえて組み立てた彼らの論理への屈服であった。それに対して住民が異を唱えれば、一応事故発生については居丈高ながらにも謝罪した上、彼らは彼らの論理で反論する。その反論がウソであれ屁理屈であれ、何らかの反論さえすれば住民の意見は、それで退けられたことになる。そもそも言葉なぞ、最初から必要ではなかったのだ。私は暗澹たる思いで会場を後にした。

　その日「推進会」の役員たちは、午前と午後の二会場で、それぞれの立場で反対意見を述べた。しかし政府が一方的に定めた鉄壁のスケジュールは、微動だにしなかった。これが民主主義を標榜するこの国の社会機構のもとで、白昼堂々とまかり通った原発事故棄民の、ありのままの顛末である。

16

我が家除染と村長交渉

郡山市あぶくま台では、四月一八～二三日にかけて配達された家具類の整理が、まだ仕残したままである。ソファーやテーブル、椅子やベッドの配置や据え付けなどは共同作業でやったが、細かなキッチン用品は家内が一人で整理した。てこずったのはカーテンの取付けである。自分で寸法を測って注文したので、取り付けも自分でやらなければならない。窓のカーテンは一、二階を合わせて六個所、南側前面のガラス戸は丈二メートルを超す大きなカーテンであるが、これを一階に三個所、二階に二個所、レースと厚手のもの二枚ずつ、計二〇枚を取り付けた。

また庭先に一〇坪ほどの空き地がある。ここをスコップで掘り起して畑を作り、じゃが芋を播きトウモロコシとカボチャを植えた。種や苗は勿論、鍬鎌や肥料まで、すべて新しく買い整えなければならなかった。

二〇一六年五月一三日、あぶくま台を出た私は、葛尾村に向って車を走らせた。我が家の除染の事前立会い・現地打ち合わせ当日である。約束の午前一〇時頃我が家に着くと、一〇数人の作業員が待機していた。総責任者がまず除染の概要と、作業手順について説明した。責任者は六〇年輩の恰幅のいい男であった。最後に家屋周りの土を削り取って入れ替えるのに、「入れ替える土は、山から掘り出した土がいいか、砕石がいいか」と尋ねられたので、後々雑草が生えるのを少しでも抑制するために砕石を希望した。

除染の範囲については環境省とのやりとりから、「推移を見守る」こととした。しかし除染のやり方、方法は、現地の打ち合わせにゆだねられると考えて、「前庭正面の山もみじ一本を除き、庭木はすべて根元から切り倒し、搬出し処分すること」を申し出た。山もみじを残すこととした理由は、この地に移住した記念に、終戦時父親が山から掘り出して植えたものだからである

責任者は、「先に提出された要望書の内容は承知しています」と断った上で、「しかし除染の方針、手順によれば、作業に支障のある場合のみ、庭木を切ることになっている。あらかじめ全てを伐採するという約束はできない」と言うのだ。そのかたくなな言い分は、環境省の態度そのものである。おそらく環境省との事前打ち合わせで、要望書の内容もこの経過もすべて承知の上で、綿密な作戦を立てて乗り込んできたのに相違ない。

確かに除染の方針では、庭木は所有者の財産であり、みだりに切らないというのが原則ではあろう。「どうしても作業に支障がある場合に限って、所有者の了解を得て切るというのが作業手順であり、その場合も切るのは直径二、三センチ程度の細木である」と相手は主張する。「庭木の全伐採」というこちらの申し出は、その逆の対応を求めているのだ。しかもこちらの言い分に従った場合は、根元直径三〇センチに及ぶ銀杏や桃や李の大木、直径一五センチを超す黒松や柘植、椿や柿や梅なども伐採の対象にしなければならない。彼らの杓子定規な作業手順では、実態にも被災者の要望にも対応できないのだ。

とはいえ目の前の庭木類は、事故後五年間荒れ放題で放置されてきた。事故以前は腰の高さより低く刈り込んできた、五葉松も夏つばきも朝鮮ソロも、今では大人の背丈より高く伸び、密集し交差した枝葉に阻まれ、人が分け入ることすら困難なのだ。

「庭木の間にもぐって除染するとしたら、すべて手作業でやるしかない。全部の庭木を伐採して五センチ土を入れ替えるとすれば、それら作業すべてに重機が使える。その方が能率的ではないか」と反論すると、「それはやってみなければわからない」と答える。

話合いはあくまで平行線であった。だがこちらの要望に対して「約束できない」とは言っても、「絶対にやらない」とも言ってはいない。またまた推移を見守るしかないのか。私は要求内容を文書で手渡して、「とにかくこちらの要求通りにやって貰いたい」と強く申し入れた。

手入れして来た庭の総面積は、二〇アール程もあろうか。前庭の中央南寄りに、谷水を引いて作った小さなせせらぎが横切っている。その向こう側の築山には、赤と紫の霧島つつじが二株植えてある。これは移村（現田村市）の祖父の家から掘り起し、馬車で運んで移植したものであり、樹齢は百年を超すであろう。その古木のつつじさえ、犠牲にして切り倒すというのだ。

国道に出る私道一〇〇メートル余りの手前中程まで、平戸つつじやどうだんつつじを並べて両脇に植えてある。これは高さも直径も一メートルを超す玉造りで、全体では四〇株程もあろうか。郵便局の現役時代には、明け方早くとび起きて、三、四時間かけてこれらつつじを円形に刈り込み、腕や肩の痛みをこらえながら出勤する。その仕事をくり返してきたのだ。こうして戦後数一〇年、手塩にかけて育ててきた庭木を、誰が好きこのんで全伐採など要求しようか。「放射能に犯された庭木は要らない。生きながら汚染して放射性物質と化した樹木は、加害者が加害責任として全部持ち去って処分しろ」と言っているに過ぎない。

除染は耕地除染、家屋と家屋周りの庭除染、国道私道の両脇と農地、家屋周り二〇メートルの山林除染など、三つの作業班に分かれて進められる。現地立会の翌日、除染前の線量を測定するため現地に向かうと、既に農地作業班は仕事にかかっていた。田畑は表土を五センチ削り取って、土を入れ替えるのだ。

私は元々「除染」自体に何の期待も持ってはいない。しかしその除染によって実際にどれだけ線量が減少したのかは、事実として把握し記録しておく必要がある。私は農地、山林、家屋、庭など、全二三個所にわたって除染前の線量を計測し記録した。

この時点での除染前二三個所の、平均線量は地表で0・90μSv、空間（一メートル）が0・76μSvであった。比較的線量の高い個所は、母屋西側屋根、母屋西側庭、北側裏庭などで、いずれも家囲いの杉の防風林の根元付近である。母屋周辺以外の高線量個所は、家屋西側の杉林の中、東側国道近くの杉林とその西側草むら、敷地北端の松林の中などで、いずれも1μSvを超す線量であり、数値の高い個所では1・7～8μSvを示した。家屋近辺と、出入りする私道周辺の線量が最も高いということは、ふるさとの破壊された自然そのものが、住民の帰還を拒んでいるとしか思えない。国道脇の例のトライアングルは、わずか二、三アール分が、わざとらしくピンクのテープで仕切られてあった。

子供がまだ幼かった頃のこと、戦後の食糧逼迫がまだ尾を引いている時代の話である。新しく水田を作って、自給自足の暮らしを目論んだことがあった。家の北東方向の山蔭に溜池を掘り、我が家の前を流れる谷川から水を引いて、その溜池の下に二枚の水田を作った。合計で二〇アール足らずの小さな田圃である。やがて三人の子供たちが成長して家を離れ、共に東京で就職すると、一番下の田圃は畑に変わり、四季折々の収穫を子や孫に送るのが、家内の唯一の楽しみとなった。農地除染班が、最初に手を付けたのはその畑である。私が次に行った時には土の入れ替えが大方終わっていた。

「ここの除染は大体こんなもんでしょう」五〇歳前後の班長はそう言って、一〇アール程の畑を土手の上から見下ろした。葛尾村各地の除染作業はほとんど完了している。我が家の除染がおそらく最後の作業であったろう。仕事の段取りも仕上げも手慣れたものである。

「いやー。見違えるようになったな」褒められて気を悪くする人間はいない。相手は少し得意げに頷いてから言い足した。

「ところでその上の水が溜っている処はどうしますか。池とか水溜りは手を付けないことになっているので」

「とんでもない。これはれっきとした田圃だよ。荒らすのが嫌だから、事故前は毎年一度は耕運機を入れて掻き回して来たんだから」

溜池には野生の鮒や鯉、鮠とかウグイなどを放し、子供や孫たちが帰郷する度に恰好の釣り場にしていたので、水を止める訳にはいかない。池から流れ出す水は塩ビのパイプから、すぐ下の田圃に流れ落ちるので、溜池の下の田は常時水を張った状態にある。ここ何十年もの間稲作をせず、さらに五年間放置して水草が伸び放題の元田圃は、水溜りと言えば言えなくもない。しかしかつては水田として耕作してきた実績はあるのだ。五年間放置してきたのは、原発事故のせいである。今更只の水溜りにされてたまるか。私は農地であることをしきりに主張した。

三日程過ぎてここに来てみると、溜池下の田圃に下側と南側に深い堀を作って水を受け、溜まった水を塩ビのパイプで下の畑に落とし、更にその下の畑の土手際と北手にも堀を切り、最後に塩ビのパイプを埋めて、下の草原に水を流す仕掛けが出来ていた。

「上の田圃が乾いたら、重機で土を入れ替えます。一番下の草原はこちらの土地ではないようなので、地主に水を流す了解をとって下さい」

農地除染の班長は、「これで文句はあるまい」とでも言いたげな表情でそう言った。

二日程間を置いて除染の現場に行ってみると、庭先の除染作業はほとんど終わっていた。庭木はことごとく切り倒されてすでに搬出され、庭石だけがとり残されていた。表土を剥ぎ取った庭の全面に細かな白い砕石が敷かれ、見た目には草一本ない殺風景な景観となった。要求していた「庭木の全伐採」は、銀杏の大木三本が切り残されていた。これは「要望通りには絶対やらんぞ」という意思表示であったかもしれないが、この銀杏はいずれも離れの庭先の更に奥にあるので、さして支障はあるまい。私道両脇の玉造りのつつじも跡形なく切り取られ、ここにも砕石が敷き詰めてあった。

私道南側の窪地に植えてあった庭木もほとんど切られていたが、人の背丈の倍近い石楠花と、根元二〇センチほどの梅もどきが残されていた。私が駐車場に車を入れると、三〇代ほどの若い作業員が近寄って来た。「川内村に住んでいる」と自己紹介をした後、こう言った。

「責任者から庭木は全部伐採するように言われたが、石楠花だけは切るに忍びなかった。自分も庭造りをやっているので、石楠花をこれだけの大きさや枝ぶりにするには、どれだけの手間と年月がかかるか、よく分っている。だからどうしても切れなかった」と述懐する。梅もどきを切り残したのも同じ理由であろう。上司の指示に逆らってでも、切り残したい作業員の惜しむ気持ちがよく分かるので、了解するしかなかった。

山林の除染班は上手の国有林境界付近から作業を始め、徐々に下手にさがってくるやり方である。河川や道路両脇の除染と同様、木の葉や枯れ草枯枝をさらって袋詰めにして運び出すので、むき出しになった林床の腐葉土は、箒で掃いたような状態になった。

懸案の国道沿いの除染は、すでに作業が終わっていた。植林した杉林の間に小型の重機を入れたものと見え、杉林の林床全体に、縦横無尽にキャタピラがつけた踏み跡と、機械で削った跡が残っている。作業前の測量ではピンクのテープで仕切られていた例のトライアングルは、そのテープが全て取り払われ、その三角地も周囲の林床と同様除染済みであった。これはこれで環境省と除染班の事前打ち合わせで予定された行動であったろう。「作業の都合上たまたまこうなった。お前らの言い分を聞き入れた訳ではない」という態度を貫きたいのだ。当初のこちらの目論見などは、はなから見透かされ軽くいなされ、裏をかかれた形である。

五月一九日付で村当局は文書を発出し、「政府の指示通り六月一二日避難指示解除を受け入れる」と通告してきた。今まで解除された他の町村では、政府指示を一か月や二か月遅らせて、受け入れている。スケジュールありきの国の意向を、鵜呑みにしたのは葛尾村だけである。住民説明会で出された村民の不安の声や、反対意見などは一蹴されたことになる。

推進会幹事会と村長の会見は、六月九日午前一一時半から、既に職員が帰村し行政事務を開始している、村役場の村長室で行われた。当日は役場当局と折衝の結果、解除予定の三日前と決まり、日取りからしても形式的な会見となったことは否めない。
最初に代表がひと通り挨拶した後、事務局次長が申入れ書を朗読し、村長に手交した。「村長の行為は村の歴史に重大な汚点を残した」、という文面を朗読して手渡したのであるが、村長は嫌な顔もせずに受けとった。「解除受け入れ撤回要求申し入れ」の内容は以下の通り。

避難指示解除受入れの撤回を求める申入れ書

（前文及び一のイ項・省略）

一、解除に反対する理由

ロ、村の現状・実態について

① 村面積の七〇～八〇％を占める山林除染を放棄し、村内到る所の田畑や空き地に除染ゴミのフレコンバッグを山積みにしたままでの避難指示解除は、本村の基幹産業である農業の再生回復など意にも介しないものであり、村民感情として受け入れ難い。しかも年間被曝線量の限度を、１ｍ㏜から20ｍ㏜に引き上げて解除を強行するに至っては、言語道断という以外ありません。

② 川俣町山木屋地区も、解除時期を明示せずに住民説明会が進められています。政府提案を鵜呑みにし、政府指示の期日通りに受け入れたのは、唯一「葛尾村」のみです。これは当村の歴史に残る汚点と言わなければなりません。

③　以上の理由により、今回の避難指示解除に対して絶対反対を表明し、以下の通り申し入れます。

二、結語

①　今回の避難指示解除強行に対しては、あくまでも反対であることを表明し、その受け入れを撤回するよう強く求める。

②　葛尾村は除染・インフラ整備・除染廃棄物仮置き場の解消・農畜産業の再生回復・居住制限区域の不安解消・医療体制や教育環境の整備など、どれ一つをとっても避難指示を解除する状況にないことを再確認し、次代を背負う子供たちを含めた全村民が、安心して帰還できる条件の整備を、急ぐよう求める。

③　当村面積の七〇〜八〇％を占める山林の除染を国に求め、山菜・茸など山の暮らしに慣れ親しんだ住民生活の回復に努めること。田畑に山積された除染ゴミのフレコンバッグを早急に搬出し、しかる後に避難指示を解除するよう求める。除染の効果や課題を検証するための、検証委員会を構成するよう求める。避難指示を解除する状況にないことを再確認し、次代を背負う子供たちを含めた全村民が、安心して帰還できる条件の整備を、急ぐよう求める。

④　当村面積の七〇〜八〇％を占める山林の除染を国に求め、山菜・茸など山の暮らしに慣れ親しんだ住民生活の回復に努めること。田畑に山積された除染ゴミのフレコン

バッグを早急に搬出し、しかる後に避難指示を解除するよう求める。除染の効果や課題を検証するための、検証委員会を構成するよう求める。専門的知識を有する識者によって構成し、除染による放射能低減を厳しく検証するよう要求する。

⑤　村民の声を無視して一方的に避難指示解除が強行された場合は、今後一切の責任を国・村当局が負うべきものであることを改めて確認し、政府が目的とする「賠償打切り」が実施された以降であっても、われわれはその責任を追及する。従って今後起こり得るすべての事態、健康上の疾患を含めた原発事故に起因するすべての不利益に対して、損害賠償を求めてたたかうものであることをここに表明する。

二〇一六年六月九日

葛尾村原発賠償集団申立推進会　代表　・第六回幹事会一同

葛尾村長殿

葛尾村議会議長殿

（集団申立「推進会報」二八号より）

その後意見交換に入ったが、村長は村面積の大部分を占める山林の除染を求めていることが引っかかるらしく、「道路や河川や家屋、農地周りの山林除染だけでも大変な面積だ。

そのため去年（二〇一五年）の集中豪雨で役場脇の葛尾川は、今まで見たこともない程の増水があり、国道の石垣がえぐられた。全村の山林を除染したら大変な災害になる」と主張した。だからと言ってそれが、山林除染放棄の理由にはなるまい。全村除染をしたら、災害が頻発する程重大な原発事故だったのだ。

栗城副代表は「私の家は除染していない広大な国有林に取り囲まれている。家の周りや農地は除染したが、その農地のど真ん中に、除染ゴミのフレコンバッグが山積みされている。そんな処に帰って暮らせと言うのか」と抗議したが、村側は「避難指示が解除されても、帰る、帰らないは、あくまで本人の自由」という政府方針から一歩も出ない。「後は勝手にしやがれ」ということか。少なくとも政府は加害者である。加害責任を放棄して「原状回復を怠り、後は勝手にしろ」などと開き直る無責任な国が、世界のどこにあるだろうか。

妻のヤス子はいつもの持論を主張した。「被災者が集まって餅つき大会をやった、お祭りや運動会をやったのが復興ではない。加害者もマスコミも真の復興を棚上げにして、まるで復興が既に終わったかのような宣伝に明け暮れている。放射能を完全除去して、葛尾村に住む人々が元の住民生活を取り戻した時が、初めて本当の復興だ」かつて妻は二期八年間村会議員を務め、全ての議会に必ず発言するという公約を実行してきた。その意味では村長との論争も、お手の物ではあったろう。村長は笑いながら頷いて聞いているだけだ。そこで私は言った。

「我々はＡＤＲ和解案で、財物賠償は帰還困難区域同等の全損扱いをかちとった。東電が自社の都合で抵抗したあげく、『本件に限る』という条件を付けたため、全村民に影響を及ぼすことにはならなかったが、この和解案の意義は提示された金額にあるのではない。『葛尾村全域の村民が、事故前の食生活、住生活を取り戻すには、帰還困難区域同等の期間を要する』という事実を、ＡＤＲが認めた点にある」

するど村長はふきだすように笑いながら、「そんなことを言い出したら、葛尾村の村民は永久に帰れなくなる」と言った。果して私の発言の意味合いが、どう伝わったのか。ＡＤＲが求めているのは「事故前の住民生活の完全回復」であるのに対し、村当局が求めているのは村民の生命や暮らしを守ることを無視した、「形だけの避難指示解除」なのであろう。場合によっては永久に帰れないかも知れない程危険な汚染地帯に、村民を追い込もうとしていることへの自覚も、罪悪感も皆無である。

最後に村長はこう話をしめくくった。「皆さんの言い分がわからない訳ではない。求める気持ちもよくわかる。しかし一方では理屈抜きで帰りたい人もいる。中にはどうしても帰らなければならない人もいる。そんな人たちの気持ちや事情も分かってほしい」

確かに避難指示を解除しなければ、それらの人たちも帰ることはできない。だからそれは避難指示を解除する側の、寄りすがる唯一の論拠であったかも知れない。しかしその考えには、「たとえ帰還をしたとしても、自然環境や住環境を含めて、村民は元通りの暮らしに戻ることができない」という、明白な事実の認識が抜け落ちている。

その後私たちは議長室に立ち寄り、村長同様申入れ書を朗読の上手渡した。議長は「申し入れ内容には同感できる部分もあるので、議会は議会の立場でしっかり努力してゆきたい」と答えた。

17 避難指示解除

二〇一六年六月一二日、避難指示は政府のスケジュール通り、粛々と解除された。勿論村あてに提出した「解除受入れ撤回を求める申入れ書」は完全無視である。一方で解除された村民は、不安と困惑と苛立ちの中で、何の保証も将来への約束もなく、身ぐるみ剥がれて「置いてけ堀」を食わされた。住民説明会で出された村民の声は、たとえそれが真摯な訴えや懇願であれ、真面目に不安の解消を求める声であれ、心ある注意や提案であれ、容赦なく切り捨てられた。「粛々」と言う言葉の裏側には、一切の民意に耳を貸さず、政府の独断をもってことを執行するという、冷酷で傲慢な意図が隠されているのだ。

避難指示解除直後の「線量実測調査」は、六月三〇日に行なわれた。役員間の日程の調整に手間取り、実施日は月末になってしまったが、それでも役員の集合は少なく、参加者は代表以下六名であった。避難指示解除強行が、役員の中に気落ちを生んでいるせいもあろう。何よりも過去三年の間真剣に取り組み「実測調査」でつかんできた数値を、この解除攻勢の中で生かしきれなかったことが、あるいはそのことを主張しても平然と無視されたことが、大きな失望となって残ったのかも知れない。

調査当日、集合場所の里内仮設団地集会所前で、私は出発時挨拶をこう述べた。「避難指示解除というこの時期に、敢えてお集まりいただいた皆さんに、心から敬意と感謝を申し上げます。過去三年の間ここまで真摯に『実測調査』に取り組んでこられた、皆さんのご努力にも感謝します」さらに続けて私は、「葛尾村の定点調査は、村役場は勿論、われわれ以外誰もやっていない。実測調査で得た数値は、素人集団の調査であっても、我々にとっては貴重な資料であり財産である」などを訴えた。避難指示解除後ではあったが、この日集まった役員たちは決してめげてはいなかった。三人ずつ二グループに分かれ二台の車に分乗すると、葛尾村に向って元気に出発して行った。

この日の人員配置はAグループが松本事務局長、大友会計、白岩代表幹事の三名。Bグループが松本副代表、松本次長、小島代表の三名、計六名であった。一グループ三名という配置は、確かにきつい。測定位置を決める者、線量計で計測する者、調査表に記入する者など、三人ではギリギリ手一杯である。通常なら昼食前後に終わる筈の作業に、夕方近くまでかかってしまった。

調査の詳細は次表の通りである。

除染済み個所実測調査比較表

註・表中ゴシック数字は前回調査より数値が増加した個所（会報二九号より）

2015・10/18			2016・6/30	
調査個所	地表	空間	地表	空間
風越バス停	0.52	0.56	**0.77**	**0.60**
上葛尾屯所	0.21	0.21	**0.27**	**0.25**
大尽屋敷下	0.84	0.42	0.56	0,40
寺下付近	0.25	0.22	**0.48**	**0.35**
登館峠付近	0.30	0.26	**0.90**	**0.70**
松本朗宅	0.29	0.27	0.21	**0.52**
小山和宏宅	0.30	0.26	0.26	**0.27**
蔭広谷地	1.40	1.37	**2.34**	**1.46**
上野勝利宅	0.37	0.35	0.37	**0.40**
三叉路付近	0.26	0.25	**0.37**	**0.30**
大笹モニタ前	0.24	0.23	**0.85**	**0.30**
手倉入口	1.23	0.33	1.21	**0.51**
大笹三叉路	0.37	0.28	**0.78**	**0.48**
発電所付近	0.61	0.73	**1.41**	**0.84**
分校十字路	0.74	0.35	0.52	**0.53**
銅厳入口	1.40	0.23	1.18	**0.47**
夏湯・下枝宅	1.41	0.67	0.65	0.42
合　計	21.82	16.88	14.13	8.80
平　均	0.61	0.47	0.67	0.44

	2015・10/18		2016・6/30	
調査個所	地表	空間	地表	空間
境の岫	1.32	2.40	0.85	0.56
石井栄一宅	0.24	0.25	**0.37**	0.24
中迫入口	0.33	0.34	**0.58**	**0.35**
東　道角	0.33	0.36	0.19	0.21
白岩寿喜宅	1.95	0.35	1.28	0.24
白岩正宅裏	0.18	0.17	**0.62**	**0.36**
仲島入口	0.70	0.61	0.43	0.44
町・屯所	0.28	0.31	0.26	**0.36**
六良田入口	0.41	0.40	0.41	**0.44**
町本操宅	0.22	0.21	**0.32**	**0.22**
湯ノ平入口	0.26	0.51	**0.66**	0.42
せせらぎ荘西	1.28	0.71	0.91	**0.73**
信号付近	0.83	0.60	0.21	0.21
村営住宅林	0.96	0.51	0.32	0.30
大友敏弘宅	0.30	0.28	**0.51**	**0.43**
船山宅入口	0.35	0.31	**0.64**	**0.53**
小島宅入口	0.46	0.50	**0.65**	0.45
篠木由巳宅	0.54	0.48	0.42	0.33
夏湯入口	0.64	0.41	0.32	0.31

この日の調査の特徴は前回調査と比較して、線量の増加した個所が極端に多かったことにある。線量が増加した個所は、全三六個所中二六個所にわたった。性懲りもなく自然を無視しあざむこうとする政府を、まるで嘲笑いでもするかのように、異常な大幅な線量増加であった。

村内線量実測調査の翌日、除染の状況を見るために我が家に立ち寄る。除染作業が大方完了すると、仕上げはフォローアップ除染である。国道に出る私道の中間左手の杉林の中で、三人ほどの作業員が林床を掘り起こしていた。たたみ半畳から一畳程の広さに土を削り取り、そこへ山砂を敷きつめる。そんな作業の跡が、五、六ヶ所散見された。「フォローアップ」などと横文字を使えば、ハクがつくとでも思っているのだろうか。その作業は林床の表土をたかだか五センチ程削り取り、運んできた山砂と入れ替えるだけである。その分だけいくらか線量が下がるには相違ない。土を入れ替えた個所の線量を測ると、0・6~8μSvであった。しかし掘り下げた部分のすぐ脇の、手付かずの林床の線量は1・7~9μSvである。

その場で作業員に「フォローアップ除染をする基準は何か」と聞いてみると、「2μSv以上がフォローアップの対象」だと言う。2μSvを単純計算すると、年間積算被曝線量はおよそ一八mSvである。国際基準である年間一mSvの被曝を公然と無視したこの数値が、除染作業の手順そのものに確実に貫徹されているのだ。

七月に入るとすぐ除染業者の事務所から、我が家の除染が「完了した」という連絡が入った。事後検査の立ち会いを求められ、七月四日と決定。当日午前一〇時頃我が家に着くと、砕石を敷き詰めた剥き出しの庭先に、事務所の責任者、現場監督、作業班長など数名が待ち構えていた。

先ず現場監督が作業の経過を説明した上、さらに「事後の放射線量は専門の業者が測定して、検査資料は後日送付する」と告げられた。戦後数十年、手入れをしてきた庭の植木は、大方切り倒し運び去った。切り残された三本の銀杏は、離れ周辺の庭外れにある。この銀杏は今から四〇年ほど前に植えたものである。以来その木は丈二〇メートルほどに大きく育ったが、実を付けたことは一度もなかった。原発事故の翌年、どういう突然変異か三本中二本が実を付けた。今年も右端の一本がぎっしりと実をつけている。やがてその実が熟れて地に落ちても、拾う訳にも喰う訳にもいかない。実りの秋は一体どこに消えたか。原発事故は自然の法則すら狂わせ、実りの秋をも奪うのだ。

とはいえ庭木の全伐採は注文通りほぼ完了しているし、溜め池下の水溜まりとなっていた田圃は、水を抜いて土の入れ替えを済ませている。懸案だった例のトライアングルが除染されていたのは確認済みだし、今更何を言っても始まらないというのが、その時の私の心境である。と云うことで引き渡しはそれだけに終わり、彼らは帰って行った。

私はあらかじめ準備してきた線量計で、除染後の線量実測にとりかかった。調査結果は以下の通りである。

我が家の除染前後の線量推移（単位μSv・空間1m・地表1cm）

	除染前		除染後	
調査個所	地表	空間	地表	空間
玄関正面・庭	0.62	0.56	0.42	0.40
母屋西側・〃	1.61	1.30	0.43	0.48
母屋北・裏庭	1.09	0.73	0.44	0.51
離れ北・庭	0.66	0.45	0.51	**0.52**
離れ西・〃	0.93	0.81	0.35	0.32
離れ南・〃	0.59	0.44	0.41	0.39
駐車場南・畑	0.48	0.55	**1.01**	**1.05**
裏山・雑木林	0.87	0.87	0.59	0.40
離れ南奥・畑	0.98	0.68	0.41	0.41
温室西・　〃	0.57	0.58	0.42	0.41
私道南・　庭	0.86	0.72	0.70	0.68
温室東・草地	0.96	0.84	**1.18**	0.78
私道南・杉林	1.12	0.98	1.01	0.44
国道沿い杉林	0.99	0.79	0.70	0.66
私道入口　〃	0.89	0.54	0.69	**0.61**
私道北雑木林	0.92	0.71	0.67	0.60
母屋北東・庭	0.85	0.72	**1.25**	**1.00**
北東山陰・畑	0.87	0.55	0.48	0.43
〃　　〃	0.67	0.87	0.61	0.61
敷地北・松林	1.42	1.15	0.93	0.85
母屋屋根・西	1.12	0.95	0.41	0.43
〃　・南	0.47	0.55	0.47	0.36
母屋西・杉林	1.25	1.10	1.07	1.05
計	20.79	17.44	15.16	13.39

註　表中ゴシック数字は除染前より線量が増加した個所

我が家の除染による放射能の減少率は、全調査個所平均で地表二七・一％、空間二三・二％であった。除染をしたからと言っても、放射能の減少は微々たるものである。事故によって降下した放射性物質は、除染をしようが自然減があろうが、七〇％強の線量が今もこの地に居座っているのだ。政府は「放射能が四八％減少した」として避難指示を解除したが、これは真っ赤な偽りと言わなければなるまい。

不可解な点は除染した結果、逆に線量が増加した個所が五個所もあったことである。「除染したら逆に線量が高くなった」ということは、村人の間でよくささやかれる話である。我が家で線量が増加したのは山林・原野もあるが、家屋周りや畑は表土を削って土を入れ替えた個所である。一体どこの土を掘りだして運び込み、敷き詰めたのであろうか。

道路側山林の例の三角地は、要望通り全面除染を完了している。こちらが正面切って申し入れれば「できない」と答え、実質的にはあたかもついで仕事でもあるかのように、こちらの要望を受け入れる。「お役所仕事」というか「役人根性」というか、姑息なやり方ではある。必要があって要望を申し出るのは、勿論地権者であり被災者である。その要望は極力受け入れるのが当然であろう。彼らの態度にはっきり見てとれるのは、「加害者意識」がまったくないということである。被災者が被害を受けた当人であり、政府が被害を与えた張本人であるという事実を、かけらほども認識していない。

家屋周りや田畑の表土を五センチ剥ぎ取って、土を入れ替える作業に何ほどの意味があるというのだろうか。その結果村中至る処の田畑や空き地がフレコンバッグの山となり、除染が単なる放射性廃棄物の、移動や再蓄積に他ならないことを立証したに過ぎない。

心中そうは思いながらも私は、隣近所の手前を理由に除染を許諾してしまった。今もそのことが負担となって心にのしかかっている。結局周囲から孤立するのが、怖かっただけではないのか。一方政府・東電に原状回復の義務と責任があることも事実である。しかしだからといって見せかけの形ばかりの、嘘と誤魔化しの除染を許容してしまっていいものか。

庭木をことごとく伐り払い、表土を剥ぎ取って砕石を敷き詰めた殺風景な前庭に立って、土を入れ替え草一本なく整地された畑を眺めながら、私はそんな重い気持ちをもて余していた。

18 五年目の訣別

　そもそも年間積算被曝線量一mSv（毎時0・23μSv）という基準は、人間が許容できる限度として、国際的に定められた数値であり、わが国でも一応それが適用され、避難指示区域以外の除染を開始した当初は、0・23μSvを超える個所を除染の対象としている。ところが本格的な除染を始めて見ると、避難指示区域ではその目標には到底届かない。すると手のひらを返したように、「年間一mSvは究極の目標」だと言い始め、避難指示区域の除染では何の根拠もなしに、この基準を一mSvから一挙に二〇倍の二〇mSvに引き上げ、場当たり的な手法で避難指示を解除した。

　年間積算線量二〇mSvは緊急時避難の目安として、避難指示区域を定めるために使われた基準に過ぎない。この数値は原発事故を小さく見せかけるために、避難指示区域を縮小する目的で用いられたという以外、何の根拠もない。根拠のないその数字を避難指示区域の除染に当てはめるとすれば、避難指示区域以外の除染には年間一mSvが適用され、避難指示区域ではそれを無視するというチグハグな結果が生じる。つまり避難指示区域の除染では一mSvを手の届かない最終目標に祭り上げ、緊急時避難の目安を除染の手順に組み込み、更に避難指示解除の基準にすりかえる。このような仕掛けで避難指示を解除し、被災者住民を高濃度汚染地帯に追い込んで、放射能管理区域に近い線量を平気で浴びさせようというのが、今政府が進めている避難指示解除の正体である。

とはいえこれはあくまで外部被曝の話である。内部被曝はまったく考慮されていない。食品は一〇〇ベクレルを超えない限り流通規制はされず、放射能を「検出せず」として野放しでスーパーの店頭に並ぶ。専門的知識を持たない私にはその数値の是非を論ずることはできないが、食品に含まれた放射性物質は、確実に人間の体内に取り込まれ蓄積されるのだ。「流通の基準を二五ベクレルに置くべき」と主張する、農民グループが福島に現にある。柏市の市民研究グループは、あらゆる立場の人々が共有できる基準として、二〇ベクレルを提唱している。放射性物質を「検出せず」として現在流通している食品は、これらと比較すれば四～五倍の数値である。政府と地方自治体はこの数値の差を暗闇に隠したまま、「全量全袋検査」「被災地を食べて応援」などと宣伝し、国民に消費を促している。これは根本的治療や手術を避けて、湿布薬で一時逃れをするのと同様である。なぜなら食品による内部被曝によって、今後どのような健康被害が起きるのかは、未知の領域であるからだ。

放射能で汚染された食品は、当然流通規制されなければならない。だが規制するその数値は、人体が蓄積する度合いを考慮した上で、設定すべきである。また流通させる食品から検出した放射能の数値は正確に表示して、その選択を消費者に任すべきであろう。汚染の度合いが正確に表示されれば比較的高い年代は、あまり気にしなくてもいい限度を知ることもできる。細胞分裂の旺盛な年代の学童は摂取を控えることもできるし、乳児や妊婦は取り込みを避けることもできる。日本の国民は、最初から選択の自由を奪われているのだ。妊婦や学童をいっしょくたにして、一〇〇ベクレル以下ゼロという虚構を国民に押しつけようとするのは、あまりにも無謀、非科学的な行為と言わなければならない。

小数点以下の四捨五入だって、〇・五以上は一に繰り上がる。一〇一は一〇一で、一〇〇以下はゼロという算術は、小学校の授業でも教えない。これは算術ではなく詐術だと言われても仕方あるまい。

除染業者の事務所から、「自分で切り出して樹木を一か所に集めておけば、業者が搬出するので希望者は申し出るように」との連絡があったのは、九月の初めである。除染した跡を詳細に点検すると、防風林の根回りに細い柘植の木が残っていたり、切り残された石楠花の陰に背の低い小手鞠が隠れていたりする。防風林の杉が二階の屋根の上に大きく枝を伸ばしているのを、除染の前に「屋根にかぶさっている杉の枝を切り落として貰いたい」と申し入れたが、「手順にない」ことを理由に断られた。

私は早速事務所に電話して、これら木々の整理と搬出する作業を依頼した。事前の立会日は九月一二日であった。当日は事務所の担当者と打ち合わせ、切り出す樹木のおおよその見当とその木を一か所に集める場所を指定した。

九月末のある日、ホームセンターで木に登るための梯子や命綱、鋸などを買い求め、妻と共に我が家に向かった。妻を伴った理由は、万一に備えるためである。もし一人で木に登っていて足を踏み外したら、助けが来るまでは一日中でも命綱で、木からぶら下がっていなければならない恐れがあるからだ。

我が家に着くと早速梯子を一直線に伸ばして固定し、根元直径一メートルを超す防風林の杉の幹に立てかけた。梯子を登って一番上の段を、命綱の一方の端で幹に縛り付ける。そこまで登ると自分の位置は二階の窓よりも高くなる。防風林を植えてある山の斜面は、一階の窓より地盤が高いせいだ。しかしそれでもまだ二階の屋根にかぶさっている、一番下の枝には届かない。若いうちなら手掛かりのない幹に手を回してよじ登っても、その枝に手をかけて切ることができた。しかし今ではその幹が太くなり抱き着いて登る訳にもいかないし、年齢のせいもあってその体力も元気もない。防風林の枝落としは断念するしかなかった。

次に向かったのは、離れの屋根に枝を伸ばす銀杏の木である。こちらは枝付きの位置が低く、梯子を二つ折りの脚立状にしても下枝に届いた。脚立の上に立って手の届く位置の、北東方向に伸びる枝元に命綱を縛り付け、両手の腋の下に一方の端を回して胸の前で結んだ。一番下の枝に両足を揃えて立ち、その先二〇センチ程のところに鋸を入れる。これは難なく切り落とすことができた。次は南東方向に伸びる腕ほどの太さの枝に登り、足を揃えて立つ。身体を支えるため左手で命綱をかけた枝を握ると、その位置がぎこちなく鋸を入れる角度が斜めになった。おおむね切り終えるあたりで切り口が締まり、鋸が動かなくなる。足で軽く蹴ってみたが、鋸はまだ挟まれたままだ。ゴム長の右足に力をこめ、更に強く踏み下ろす。枝は斜めになって下に落ち、踏みつけた足の靴底が滑った。右足を滑らせたその衝撃で重心が移り、立っていた左足の枝元も踏み外した。「あーっ」命綱を北東の枝に縛り付けていたため、宙づりで半回転して脚立にぶつかり、命綱に吊るされて振り子のようにぶら下がった。

私は大声で妻を呼んだ。駆け付けた妻に「倒れた脚立を立て直して足元に持ってくるよう」に言った。脚立を運ぶのに苦労していたが何とか足元で立て直したので、やっと降り立つことができた。

　命綱に締め付けられた両腋の下と、滑った時にぶつけた脚に鈍い痛みが残った。しばらく休憩した後、その日は残りの銀杏の枝をさらに切り落とし、また切り残しの庭木を見つけては何本かを切って回った。それからヤス子と一緒に、それらの枝や小さな庭木を運んで一か所に集めた。銀杏の枝は太さが腕ほどもあり長さも四、五メートルはあるので、引きずって運ぶのに時間がかかり、作業が終わったのは夕方近かった。

　仕事を終えた私は足腰の痛みを気にしながら、草茫々の庭や畑を眺めた。果たしてこれでよかったのか。逡巡する思いがまだくすぶっている。避難指示は解除されても被災した大地は穢れたままで、除染すら手付かずで放置されている国有林の山々が、目の前に広がっている。原発事故を引き起こした犯人は、原状回復の責任を放棄したまま、頬被りで済まそうとしている。たとえそれが無意味な除染であったとしても、除染したのは家屋や農地の周り半径二〇メートルだけである。その二〇メートルの居住空間に人間を閉じ込めて、そこで身を縮めて暮らせというのか。たとえば牛や馬などの家畜でさえ、半径二〇メートルよりはるかに広い牧柵の中で、のびのびと飼われている。今帰還を迫られている住民は、放牧された家畜以下の立場に立たされているのだ。

山に住む人々は、山の季節に親しみ山の恵みに支えられて生きている。加害者が原状回復を怠り山林を手付かずで放置するとしたら、住民に残された道は自然回復という結果を待つことしかあるまい。私たちが生きている間に、事故前の住民生活を取り戻すことは、ないものと覚悟しなければならない。昔通りの清浄なふるさとに戻るのは、果たして百年先か千年先か。山の民が山にも入れないまま、季節が来れば谷あいで律儀に芽生え、枯葉の間から頭を出す山の幸を横目に見て、採ることも食うこともできないままにして置いて、一体何が復興か。

私はかつての暮らしを懐かしむ思いと、決して戻ることのできない現実の環境条件とのはざ間で、揺れ動いてきた心の軌跡を思い起こした。

第一の関門は汚染した家財を搬出処分した一昨年のことであった。廃棄する家財を選んで表側の廊下に運び出すと、関東各地から派遣されてきた東電職員が、フレコンバッグに詰め込んで土手下の駐車場に積み上げる。パソコンを操作する自室の、書類やノート、書籍をはじめ机や電気器具から掘り炬燵、アルバムやＤＶＤ、ビデオテープまで洗いざらい運び出し、居間を空っぽの倉庫同然にしてしまった。それら貴重な資料や思い出の品を、除染ゴミとして廃棄したのは、心の迷いを家財と共に処分するためにほかならない。

続いて炊事場に張り付けた流し台を引きはがし、冷蔵庫も洗濯機もストーブや扇風機やテーブルから炬燵やぐらまで、何もかもを運び出した。駐車場はたちまちフレコンバッグの山になった。しかし地震の時も皿一枚割れなかった大型食器棚と人形ケース、子供や孫たちの成長を記録した十数冊のアルバムを、家内は是が非でも残したいと主張する。大挙してやってきた東電職員の前で言い争いをしている訳にもいかないので、やむを得ず残すことにした。戻りたい思いに決着をつけるには、中途半端な結末になってしまった。

無意味を承知で除染を許諾したのも、あぶくま台に家屋を購入したのも、ふるさとへの執着を断ち切りたい思いが、意識の底にあったからに相違ない。今回の除染で手塩にかけた庭木の全伐採を求めたのは、そうした心の迷いを吹っ切るための儀式ではなかったか。今も根強く心に巣食っている「帰りたい」思いを葬るための、今回が最後のチャンスであったかもしれない。

「帰りたい」か「帰りたくない」かを単純に問われれば、誰だって「帰りたい」に決まっている。生まれ育ったふるさとに「帰りたくない」人間など、どこにいるか。穢された自然環境自体が、住民の帰還を阻んでいるのだ。私たち被災者は、帰りたい思いはあっても帰れない。「帰らない」のではない。「帰れない」のだ。

夕方仕事を終えて、あぶくま台への帰途。車を発進させるとすぐに、ブレーキを踏んで停車した。窓を開き、身を乗り出すようにして我が家を振り返る。しばらくは来ることがないであろうこの地に、しばしの別れを告げるためであった。「故郷は遠きにありて思うもの」という詩句がふと思い浮かぶ。そうだ、今故郷は病んでいる。ひたすらに懐かしむのは、失われたかつての日々の暮らしばかりである。我が家に帰りさえすればその暮らしが、すぐさま甦るように思いこむのは錯覚に過ぎない。齢八〇を超して幾ばくもない余命を、すり減らすためにだけふるさとがあるのでは決してない。「帰るところにあるまじや」という一節が、妙に切実な実感を伴って胸に迫る。

とつおいつ繰り返し何度もためらったあげく、やっと心決めた五年目の訣別であった。今こうして振り返る我が家は、暮れなずむ谷あいの空の下で、雑草に埋もれひっそりと静まり返っている。

19

三〜四回目の現地ツアー

二〇一七年暮れ近くの午後であった。三鷹発の各駅停車は乗客もまばらで荻窪を過ぎても、座席はまだ半分も埋まっていなかった。新宿に向かう中央線の南窓は、夕陽の色に染まりかけている。沈みかけた太陽を遠巻きに取り囲む墨を刷いたような黒雲の群がりは、不安に揺れ動く私の気分がそのまま映し出されたもののように思えた。

その日は新宿で第四回現地探訪ツアーの事務局会議が予定されていた。前回ツアーの参加者は追加募集をしても、三四名を数えるのがやっとだった。ツアーの事務局は日音協グループが担っていた。ほとんどボランティアで進めてきた彼らに、赤字の穴埋めを背負わせる訳にはいかない。

二回目ツアーの終了時アンケートでは、「ツアー継続」の希望が多かった。しかし人には都合がつきものである。ましてこのツアーの参加希望者は、現地の被災者の証言や自身の目で見た事実を通じて、政府行政の公式発表やマスコミの報道では窺い知れない何ごとかをつかみとりたい思いを持つ人々がほとんどである。このような方はそのほかの活動でも、多分引っ張り凧なのに相違ない。次回ツアーを企画してもその状況に変わりはあるまい。「もしかしたらこの辺がツアー打ち切りの潮時なのかもしれない」電車が新宿に着くまでの間そう思い始めていた。とすればこのツアーを立ち上げの中心となって進めてきた娘の美日とは、かなりの論争になることを覚悟しなければなるまい。

事務局会議の会場に入ると、早めに集まった事務局員メンバーが感想文集の製本をしていた。感想文は一七編、二八ページにわたる冊子である。経費節減のため文集はすべて手作りで、仕事はあくまで事務局員の分担で進めてきた。脇目も降らず黙々と作業をする彼らを見ると、ツアー打ち切りを言い出す心算の私は、いつの間にかその気持ちが失せかけていることに気付いた。

前回ツアーの帰途、バス内反省会で参加者の減少が報告され、ツアー打ち切りをほのめかしたところ、バス内は騒然としてツアー継続の声が続いた。ツアーの実行委員でもある武蔵野の「フクシマを思うシリーズ実行委員会」からは、これからも一層協力したいとの申し出があったという経緯もある。ここに来てツアーの打ち切り提案は断念するしかないのかもしれない。

事務局会議では今回ツアーの決算が、会計のやりくりでなんとか赤字計上を、免れたことが報告された。私が打ち切り提案を言い出さなかったため、異議なく継続が確認された。しかし前回参加者数の未達成は明らかな事実でもあるので、武蔵野の「フクシマを思う」シリーズ集会実行委員会との共催による新たな参加層獲得を図るという提案はスムーズに受け入れられた。

共催相手を予定する「フクシマを思う」シリーズ集会は、ツアー実行委員会の鎌内啓子会長と女優金子あいさんが主催し、原発事故を契機として年三、四回のペースで開催され、その回数は既に二〇回を超えている。開催場所は主に吉祥寺の光専寺で開かれているが、金子あいファンを中心に毎回一五〇名前後の参加者を数える。講演の出演者は著名人が多く、反原発の映画監督でも高名な河合弘之弁護士、テレビでもお馴染みの金子勝慶大教授、菅直人元総理や作家の澤地久枝、広瀬隆など多彩な顔触れを揃えている。

ツアー実行委員会は翌年一月半ばに、武蔵野市吉祥寺コミュニティセンターで開かれ、実行委員と事務局メンバーは変わらずに、ツアーの名称だけを「フクシマを思う現地ツアー」に変えた。視察予定は浪江町と葛尾村の二か所なので、この際町としてADR集団中立を進めている馬場有町長の講演を、企画の柱として取り入れたいとの要望もあり、町長に対する講演要請は鎌内会長が進めることとなった。帰還困難区域のため閉鎖となっていた国道114号線がこの程解除になった。浪江町から宿舎の三春町に移動する際、浪江町で最も線量の高い114号線沿いの赤宇木地区を視察することも決めた。

三回ツアーの感想文集は、二月中に配布完了となった。二回目ツアーのアンケートで「もっと被災者との懇談に時間が欲しかった」という声が多かったため、三回目は被災者懇談に重点を置いた企画となった。そのせいか今回の感想文集には、その話し合いについての意見が多く寄せられた。文集に掲載された特徴的な意見は次の通りである。

第三回感想文集より

Kさん（ツアー会長）

（前略）午後二時から仮設住宅集会所に集まって下さった被災者八人の方々から現状と今後の希望などをじっくり話して貰った。「村に帰れる気がしない。ネズミや猪の巣になっている」「東電は相変わらず隠し事が多い。繁殖力旺盛なイノブタや猿の集団が四〜五グループ常駐して、野生動物の王国化で農地は荒れ放題、対策も立てられない」（中略）と明るい日差しを浴びながらの2時間でした。

Hさん（詩人）

（前略）三回目となった今年、私が一番衝撃を受けたのは、貝山仮設集会所で伺った住民の方々のお話でした。（中略）「子供の頃から自然と共に生きてきた。原発事故で自然が破壊され、（中略）行政は避難指示解除の旗振りをしているが安心して帰れない。（中略）戦争中は女たちも竹やりの訓練をしていた。一億総火の玉なんてみんな大変だった。戦後は蓑笠着て鍬で耕して、やっと平和な時代になった。この平和が続いてほしい。戦争がどんなに悲惨なものか知らない政治家が、戦争を始めようとしている。それは絶対いけない。津波は天災だが、戦争は人災だ」（中略）政府の言いなりに原発を建設した結果が、この体たらく。子供たちの住めない地にしてしまった。「事故で被災した土地が、安全だと宣言できるのは加害者ではない。押し付けることばかりしている。葛尾村が本当に安全だというのなら国会はここで開けばいい」笑いながらも目を洗われます。私たちは被災地の安全性は政府が決めるものと思ってしまっていますが、確かにそれは違います。（後略）

Hさん（労働者文学会）

（前略）「子供のいない村は未来がないよ」寂しげに語った村の方の言葉のように、葛尾村には五％の人しか帰っていません。モニタリングポストの周辺では持参した線量計で測ると、モニターに示された値の二倍のところもあり、小島さんが家の周りを測った値は、なんと除染前より高いところがいくつもありました。庭に去年まであった思い出深いブランコや家財は一切なくなり、時の経過ともう戻れないのかという思いをかみしめました。（後略）

Yさん（タンポポ舎）

（前略）この大混乱の中で畜産農家の人達は、逃げる訳にはいかなかったのです。その中の一人が松本さんでした。（中略）一週間協議の末、薬殺処分を打ちだした県の行政命令を受け入れるに至ったとのことでした。その夜は一睡も出来ずまんじりともせず、明け方処分を決断したそうです。松本さんがこの話をするときは、込み上げる牛たちへの思いが胸を塞ぎ、絶句する姿に涙が止まりませんでした。（後略）

Nさん（ツアー実行委員）

（前略）あの電気を使っていたのは関東の人、東京電力管内の人や企業なのだ。（中略）ということだけは忘れてはならない。だから金曜日官邸前に行くし、東電前抗議行動にも行く（中略）被曝したから心配なだけではなく、その子孫に被曝した遺伝子が受け継がれていく。直ちに影響はなくともその次の世代、更にその次の世代に影響してゆくということを受け止めて、今生きている私たちの責任として、できることを取り組んで行きたい。（後略）

第四回目現地探訪ツアーは、二〇一八年五月二六、二七日に実施された。「フクシマを思う」シリーズ実行委員会との共催という形だったためか、人員は四月初めに定数となり、募集を中途で打ち切ることになった。若干のキャンセル待ちもあったが、最終的な参加人員は四四名となった。

一日目浪江町視察の柱は浪江町役場での馬場町長の講演であった。しかし直前になって町長の体調不良からキャンセルとなり、浪江町復興対策室長による復興の進展状況報告に変更となった。趣旨は異なったが真摯な報告内容は好評だった。講演後室長の案内で、津波に襲われた請戸海岸に向かい悲惨な傷跡を視察し、そこから見える福島第一原発の排気塔を遠望した。

続いて新規開通した国道114号線をたどり、浪江町で最も線量の高い津島地区赤宇木に向かう。元々合併以前の津島地区は葛尾村と隣村の関係であったことから、沿道の案内は私が受け持つこととした。

大柿ダム右岸のトンネルの多い渓谷沿いの道を、バスは曲がりくねりに走った。ダムの最上流部が大柿集落で、道の両脇に少しづつ人家が見え始める。津島地区は全域帰還困難区域であるため、軒先にも田畑にも人っ子一人見当たらない。

赤宇木集落に着くと、旧分校付近で車を止めた。参加者の持つ線量計が一斉に警告音を発し始める。危険区域であるため下車できない参加者は、車窓から外を覗くだけである。左下を流れる渓谷には、澄みきった水が奔流となって渦巻いている。その流れに覆いかぶさるように枝を垂れる谷あいの樹々の茂みは、目にしみるようなみずみずしい新緑である。そこに見える木々の緑や澄んだ水の流れが美しければ美しいほど、その景観に付着し沈潜する放射能の存在が、信じられない思いであった。

原発爆発で舞い上がり、北西方向に拡散した放射能は、この赤宇木で二手に分岐し渓谷を遡り、濃厚な放射性プルーム（雲）となって峠を越え、飯舘村に雪崩れ込んだのだ。そのことを知らされなかった浪江町長は、町内で最も線量の高い赤宇木地区に、原発事故避難者第一陣を送り込んだ。事実を知らされず何日もここに止どめ置かれた町民は、とうに避難しなければならないはずの住民が、用意した炊き出しのお握りを露天でむさぼったり、白い防護服姿で乗り込んでくる警察や県の職員を、むしろ奇異の目で見たりしていたのだ。「ＳＰＥＥＤＩ」の画像を隠蔽した政府を、浪江町長が厳しく糾弾したのはそのためである。その事実経過と憤りの胸中を、町長の口からじかに聞いてみたかった。

三春町の宿舎に到着したのは、予定より遅れて午後六時に近かった。夕食を含めた交流懇親会は三春町在住の写真家による写真の披露と講演が急遽組み込まれ、「かつらお元気チーム」による大尽屋敷伝説を人形劇に仕立てたものの上演に時間がかかったため、予定のプログラムを変更せざるを得ず、交流の面がおろそかになった。

翌日宿を出たバスは、三春町に建設された村復興住宅の集会所に到着。そこには集団申立推進会の役員を始め、村民たちが待ち受けていた。この日の予定は午前中が被災者との懇談会。話し合いに重点を置いた企画は前回と同様である。昼食後葛尾村に向かった。村民との懇談会で時間をオーバーしたため、葛尾村視察は前日上演された人形劇発祥の地、葛尾大尽屋敷跡の散策にとどめた。その後新設された復興交流館で葛尾村長の挨拶を受け、富岡インターから常磐道に乗って帰途に就いた。

バス内反省会は前回話が尽きず最後は発言を制限する羽目になったので、今回はいわき市内から開始した。ところが今回も状態はまったく同じで、最後に予定していた会長と私の発言は、東京都区内に入ってからとなってしまった。

ツアーが終わってしばらく後のこと。テレビや新聞で馬場有浪江町長の訃報を知った。馬場町長の憤りの声は、ついに聞くことができなかった。彼の思いも憤懣も、言葉としてそれを聞くことは、永久にできないのである。

20 さらば武蔵野市

わが家の除染が終わって二年が過ぎた。ちょうど二年前の二〇一六年六月、政府環境省は村の住民説明会で、「本村の放射線量は四八％減少した」と文書を配布して、避難指示を解除した。四八％と言えば五〇％に近い。政府としては「除染によって放射能が半減した」と言いたいらしい。線量がゼロならともかく、半分になったとしても避難指示解除の理由にはなるまい。ところがその半減にもウソがある。わが家の除染の結果をみれば、家屋周りや畑、山林など二三個所を設定して、除染前と後の線量を比較して計測すると、二三個所平均の減少率は地表で二七・一％、空間（地表一メートル）で二三・二％しか減少していない。しかも除染前より除染後の方が、線量の増加した場所が四個所もある。原発事故で撒き散らされた放射性物質は、除染後のこの地に七〇％強の濃度で、今も居座っているのだ。

五センチ表土を剥ぎ取って新しい土を入れて整地した畑は、猪が掘り返した穴だらけの表土に雑草がはびこり、元の草藪に戻ってしまった。その上その土を猪が一メートル近くも掘り下げて、表土と底土をごちゃまぜに撹拌してしまった。家の周りを除染して、表面にだけ砕石と山砂を敷き詰めた庭先は、たちまち雑草が繁茂して草茫々となり、その庭先も猪が掘った穴だらけの景観となった。これが膨大な経費をつぎ込んで実施した除染作業の結果であり、避難指示解除後二年目のわが家の有様である。郡山市あぶくま台に家屋を購入して以来、月に二、三度の割で武蔵野と郡山を往復して住まいの準備を進めてきた。その間時折様子を見るため葛尾に行く程度では、わが家の荒廃は食い止めようがない。

二〇一八年八月初めのある日、墓地の盆掃除をする際にわが家に立ち寄った。すると国道から家への取付道に木苺が生い茂り、車の進入をさえぎっている。人の背丈を超す大きさで左右から道を塞ぐ木苺は、頑丈なトゲのスクラムで車の塗装面を傷つけるのだ。

墓地の手入れを早めに切り上げて家に帰ると、生い茂った木苺の伐採に取りかかる。ジリジリ照りつける夏の昼日中、放射能対策のビニール合羽を着込み、分厚い手袋とマスクとタオルで武装する。最初は鉈と草刈り鎌で伐採を始めたが、親指大の太さ程もある木苺の茎は簡単に切れはしない。そこでホームセンターで仕入れた鋸を持ち出す。今度はスムーズに切れた。しかし両側から覆いかぶさる苺薮は、私道の半分五〇メートルほどの面積を占め、トゲを避けて一本一本刈り取る作業は、際限なく時間がかかる。ビニール合羽の下で肌着を水浸しにして汗が流れ、マスクの端から噴き出す息が眼鏡を曇らせる。まずその厚いマスクと口を覆うタオルをむしり取った。それでも背中や腹をしたたり落ちる汗は止まらない。ついに合羽を脱いでシャツだけになった。吹き抜ける山の冷気が肌に心地よい。そのまま土ぼこりを浴びて最後まで仕事を続けた。それにしても慣れというものは恐ろしい。わが身の暑さや息苦しさに堪えかねると、その時の都合で放射能の危険性など忘れてしまうのだ。

葛尾村のADR集団申立は、遅々としてではあったが二〇一八年半ばには、一部を除いて大方決着するに至った。中には和解に達しないまま、「物別れ、申し立て取下げ」となるケースもかなりあった。

浪江町が町の主導で町民の多くを組織し集団申立を起こしたのは、町長がまだ存命だった時期のことである。そのADR和解案が、この秋提示された。その和解案を浪江町が受け入れたにもかかわらず、あろうことかそれを東電が拒否した。ADRという機構は被災者と加害者の間に立って調停し、裁判によらず簡易にことを決着する機関として、機能するものである。その一方の当事者が自らの意に沿わないことを理由に、一方だけの理屈でこれを拒否することは、ＡＤＲという機構そのものを否定するに等しい。法律によって運営されるその機構が、その法律を破り骨抜きにする行為を、許してしまっていいものか。

近頃このような傾向が目立ち始めている。飯舘村蕨平の農地賠償も同様である。弁護団からの要請で葛尾の農地賠償申立は、蕨平の推移をみて取りかかることとしていたが、蕨平の決着が遅れにおくれて、和解に達しない。蕨平は飯舘村の公共用地収用（県道や国道の道路拡張など）を基準として、土地価格を設定した。ところが東電には独自に試算した価格があり、それに合わないことを理由に和解を拒むのだ。賠償を受けたいなら、「わが社の言い分に従え」と言わんばかり、東電という巨大企業と争うならＡＤＲなど使わずに、「裁判でこい」という態度に出たものとしか思えない。裁判だったら優秀な弁護士を山ほど抱えて、「お前らに対抗するぞ」というのが彼らの本音であろう。

ＡＤＲ発足当初は葛尾村の推進会でも一定の成果があった。財物の賠償にしても、ＡＤＲスタッフによる葛尾村の現地調査や紛争解決センターでの「口頭審理」にしても、問題解決に向けてそれなりの取り組みが進められた。しかし政府が自民党政権に代わってからは、「被災者切り捨て、東電救済」へとその軸足が完全に移行してしまった。原発事故加害者としてのベールをかなぐり捨てた東電が、敵として被災者に立ち向かってくる限り、ＡＤＲや弁護団は手も足も出ない立場に追い込まれる。今後我々が集団申立を続けていったとしても、被災者救済の運動に結びつくとは思えない。現にＡＤＲの中でも「和解不能、調停不能」となる傾向が目立ち始めている。

私たちが推進会役員会を開いて今後の進め方を検討したのは、二〇一八年の一二月初めである。ＡＤＲという機構そのものが変貌してしまった現状では、この運動を継続する意味がない。会員の立場にたってみれば、会費を払ってこの組織を維持するメリットがないことになる。とはいえＡＤＲ中立を現在進めている会員も多い中で、この会を解散してしまうこともできない。その状況下でわれわれがくだした苦渋の決断は、

①　会費を徴収して運営する方式での「集団申立推進会」は、一旦解消する。

②　今後は会費を徴収しない任意の団体としてこの会を存続させ、役員会は弁護団との連絡と調整に当たる。

③　役員は現状のまま留任し任務を継続する。

というものであった。この結論を会報で周知し、幹事会を開いて了承を得ることとした。

二〇一八年一二月半ばのある日、中央線三鷹駅の構内を西口から東口に向かって歩いていた。改札の手前で突然足腰が萎え、床に膝をつく。買い物袋が手を離れ、商品が周囲に散乱する。通りがかりの女性たちに助け起こされ、散らばった商品をかき集めて手渡され

る。力ない手足を引きずってエレベーターにたどり着き、駅前からタクシーで帰宅した。

翌日訪ねてきた娘にその経過を話すと、すぐに病院に行くよう勧められ田中脳神経外科を受診した。即座に「脳梗塞」と診断され即刻入院となった。その後一か月で退院し、東大泉のねりま健育会病院に転院してリハビリを受けた。計三か月の入院生活となった。この間福島の現地では代表不在のまま、幹事会を開催して役員会決定通り、今後の方針を定めた。ある日推進会の役員たちが、連れ立って東京まで見舞いにやってきた。

東京都庁から葛尾の避難指示解除に伴い、この三月末をもって都営アパートから退去するよう求められていた。そのため妻は都庁に電話して入院中で引っ越しの準備ができない事情を話し、入居期間を延長するよう申し出た。しかし「原発事故による無料貸与は福島県の要請によって行うものであり、都庁が勝手に判断はできない」という。「病気入院という特殊な事情なので、この場合特例は認められないのか」と迫っても、明確な回答は得られなかったと言う。話の途中では「期間を超えた場合、その分既定の入居費を請求することもある」とも言われた。入院という特殊な事情も斟酌せず、一方的に「出ていけ」という話はないだろう。原発事故は被災者の都合で被災者が勝手に起こしたものではないのだ。「請求が来てもそんな費用は絶対払わない」そう言って妻も怒っていた。

退院して自宅に帰ったのは二〇一九年三月半ばである。退院直後に「詩の朗読会」の講演が待っており、「フクシマを思う」シリーズ実行委員会との共催による第五回葛尾村ツアーの企画も控えていた。その頃は体調もよく疲れもさして残らない状態でもあったので、あまり気にせず行動ができた。

富岡町、葛尾村ツアーは五月二五、二六日に実施された。一日目は富岡に直行し、町役場で双葉地方原発反対同盟の石丸小四郎代表の講演を聞く。その後町役場の元課長の案内で富岡の被災現地を視察し川内村に向かう。川内では村会議員の案内で村内をめぐり、その後宿に着いて葛尾村民との交流会に臨んだ。

翌二日目は三春町の復興住宅集会所で、村民懇談会を開催した。前回の話し合いで提起された「風評被害」を議題として、先ず現地集団申立推進会の栗城昱副代表から、生産者側としての報告を受けた。ツアーの参加者には除染ゴミが山積みされたフレコンバッグの傍らで、整然と田植えされ、稲作が行われていることに奇異を感じる。しかし現地の農家にとっては一〇〇ベクレル以下で検査が通るのだから、それは何の変哲もない日常の光景である。原発事故は既になかったものとして、許されていると言っても過言ではない。県や農業団体の懸念は福島の米が安く買い叩かれることにある。彼らの言う「風評被害」の発想は、そこから生まれる。

しかしそのことに頭から納得し、原発事故を無視している農業者ばかりではない。政府の施策によって生産者と消費者が対立させられている現状を見定めて、生産者と消費者が同じ立場にたち、共に手をたずさえて行くことが大切だと結論付けられた。午後からは避難指示解除後の葛尾村を視察して帰途につく。例によってバス内反省会は、発言が相次いで盛会だった。

退院直後の体調は小康状態だったので、日音協東京都支部主催の定期演奏会で、企画してくれた「お別れ演奏」にも出演できたし、「詩の朗読会」にも顔を出すことが出来た。福島の現地ツアーも支障なく同行できたが、ツアー以降身体がふらつき腰に痛みが出てきた。町医者に移ってリハビリを続けながら、部屋の荷物の片づけに取りかかる。入院中妻が大方の整理を済ませていたものの、病後の身体は思うように動かず仕事ははかどらなかった。娘や次男の手を借りてやっと引っ越しにこぎつけたのは、同年六月一二日である。指定された三月末から、およそ三か月半が経過していた。

引っ越しの日は次男の車で福島に向かう。八年間武蔵野に住み、あたたかく接してくれた人々に別れの言葉ぐらいは伝えておきたかったが、病み上がりの身ではそれもかなわず、取るものもとりあえずの慌ただしい出発となった。避難してきた当時は都庁から指定されるまま、知る人もない武蔵野にひっそりと移り住んだ。市役所前の桜並木をはじめ、銀杏やけやきの並木など自然環境が良いばかりではなく、武蔵野は人と人との緊密な結びつきで、多くの市民グループが生まれていた。その市民グループの集まりには、料理講習会にも近所のおしゃべり会にも憲法学習会や原発反対デモにも、気兼ねなく呼んで貰えたし、再三ラジオ対談を企画してくれたFM市民放送の人々とも、年に数回のシリーズ集会を進めてきた「フクシマを思う」実行委員会の方々とも深い結びつきが生まれた。詩集の発行に当たってはそれらの方が共同して実行委員会を組織し、詩集の売り捌きにも協力いただいたし、出版記念会には市長をはじめ一〇〇名もの仲間が集まってくれた。きっかけが原発事故ではあっても、「武蔵野に住めたことは不幸中の幸い」だ、というのが妻の口癖であった。

あぶくま台には度々通って住む準備が出来ていたので、次男の手伝いもあって荷物の整理は二日で済んだ。福島に住みついてひと月も過ぎると、そこにはまるで別世界のような雰囲気が立ちこめていて、テレビも新聞も「復興、復興」の大合唱である。避難指示解除地域の医療機関や学校の再開設、商店や食堂の新規開店、農家や畜産、漁業の再開、地域のサークルや親睦会などの記事や番組が目白押しで、復興にそぐわないニュースはどこかでフルイにかけられているとしか思えない。

日に何度も放送される天気予報のコマーシャルでは、「福島のウマイ桃」や「ウマイ米や野菜」の宣伝に大わらわ。「ウマイ、ウマイ」と宣伝すれば一〇〇ベクレルがゼロに変わるとでもいうのであろうか。うまいかまずいかの評価と、放射能の危険性は別次元の問題であるはずだ。

天気予報の後に放送される放射能の現在係数は、政府の設置するお仕着せ線量計の数値ばかり。設置されたそのモニターすら、目障りだから撤去しろという騒ぎである。福島の原発事故を人々の脳裏から消し去り、とうの昔の出来事として忘れさせようとしている。これでは戦争の時代の大本営発表と変わりないではないか。

食品は一〇〇ベクレル以下の場合、放射能を検出せずとして店頭で売られる。それが常態化すればスーパーに並ぶ食品は、放射能汚染がないものとして売り買いされる。一〇〇ベクレルの数値をゼロにすべき科学的根拠はない。東京に住んでいる間は買い物の場合、野菜や果物でも魚や肉でも福島産品を避けてきた。しかし福島に住んでしまえば庭の畑で収穫したネギやカボチャや白菜を、平気で食ってしまう。もはや何をか言わんやであろう。

香茸やナラ茸が地面から山のように盛り上がって、生えている夢をよく見ることがある。私が見る夢の多くは、起伏の緩やかな山々の尾根道や、曲がりくねった谷あいの林道を歩いている場面である。目覚めてみると、夢の中で交わした人と人とのやりとりや大方の筋書きは忘れていることがほとんどだが、なだらかな山並みが脳裏に焼き付いていて、胸を絞られるような懐かしさだけが朝まで心に残っている。

その阿武隈山地の風景は、整然とした今の畜舎や田畑の光景というよりも、開拓当時の開きかけた畑の隅に雑木林や草むらがそちこちに取り残されている景観だが、かつて自分が行ったことのある場所や記憶にとどめた場所であったことは一度もない。自分が見知った場所では決してないのに、そこは間違いなく阿武隈の山並みであり空であり、奇妙な懐かしさに満ちた風景である。

その阿武隈の景観は、行き着く谷のどんづまり、早春の小雨降りしぶく湿地の奥にゼンマイやウルイが芽を出していたり、日当たりのいい山の斜面に伸びかけたワラビが作物のように林立していたり、杉の植林の間で背伸びしたタラの芽が、肥えた頭頂を次々と萌え出させていたりする。またある時はまばらな雑木林の陽だまりに、瑠璃紺色のツリガネニンジンやクルマユリのスカーレットが、初秋の微風に絶え間なく揺れていたり、かすかな松籟が耳に沁みとおる西向き斜面の松林に、枯れ朽ちた落ち葉を持ち上げてシメジやホウキダケが頭をのぞかせていたり、あるいは人一人いない熊笹の生い茂る夕暮れの尾根道に、笹の葉を鳴らして霰交じりの雪が降りかかってきたりするのだ。

東京に住んでいる孫たちは休日の度に連れ立って、「トトロの森」と称するふるさとの山を訪れた。夏休みと冬休みを問わず、ゴールデンウイークなど休みが続く時期には大挙してやってくる。バーベキューやタラの芽パーティー、茸取りやソリ遊びや木の枝ブランコ等々、孫たちは三家族八名のグループで阿武隈の山野をかけめぐり、阿武隈の山肌に馴れ親しんで育った。原発事故はそうした幼い日々のかけがえのない思い出と共に、孫たちのふるさとまでを奪ってしまった。

事故以来この野山のすべてに放射能が降り掛かり降り積り、その放射能は除去もされずに放置されている。今後一〇〇年経っても二〇〇年経っても、この風景が元に戻ることは決してあるまい。福島原発が爆発し破綻したあの日から、見渡す限りの阿武隈高地の山々は死んでしまったのだ。

葛尾村／2019-2021

放射線量が高い所でマスクなしで除染作業をする作業員（2020. 7. 13）

8年後も1.687μSvを示す葛尾村（2019. 8. 11）

放射線量は車の中でも2.92μSvを示す（2021. 4. 28）

帰還困難区域に積み上げられたフレコンバッグ（2020. 7. 13）

雑草に覆われた母屋を背にする著者（2020. 8. 12）

手渡されたもの

秋沢陽吉

小島力が突如私の目の前に姿を現したのは二〇一六年一二月であった。鮮烈だった。「レッド・トライアングルまで」（『労働者文学80号』）が激しく深く揺さぶったのだ。葛尾村を追われた小島力は避難先を経て郡山市に住むまでの記録を書き継いだ。その中のひとつの章だ（本書収録）。

私が衝撃を受けたのは原発事故後の政策の正体を鋭く抉った部分だった。「元々原発事故はSPEEDIの画像を隠蔽し、同心円の図表で国民をだますことから始まった。一部の帰還困難区域を有する飯舘村の村民は、汚染された山野に二か月以上も放置された。本来ならチェルノブイリを基準とすれば、福島市から郡山市まで避難区域に指定しなければならなかった筈だ。被災区域を小さく見せる目的のために、この地域の住民は避難もさせられないまま、高濃度汚染地帯に棄て置かれた」こうした文章は生半可な態度や姿勢からは決して生まれず、確たる思想がなければ書けないものだ。

　東京電力福島第一原子力発電所は三基もが爆発してメルトダウンしメルトスルーした。レベル7の歴史上最大級の大惨事だ。事故直後政府は行き当たりばったり同然に、二〇キロメートル圏内に避難を指示し三〇キロメートル圏内に屋内退避を命じた。汚染の実態とはあまりにもかけ離れていたから、同心円の内部でも福島市や郡山市の一部よりも空間線量が低い町がある一方、ひどく高い五〇キロメートル以遠が二か月もの間被曝させられるなど数々の矛盾を抱えている。政府はメルトダウンの事実を知っていたし、自動車を走らせて実際に計測しSPEEDIを作動させて汚染の状況を把握していたのに、そのデータは放射能を避けるための避難には使わなかった。四月二六日に積算線量推定マップを公表するまで福島県内の汚染の全体像を隠し続けた。小島力は政府が「理由もなく年間被曝線量の限度を一mSvから、一挙に二〇mSvへ引き上げ」たことを手厳しく批判する。二〇mSvを基準にして学校を再開し避難区域を再編し避難指示解除へと無理矢理進めたのだ。

　私は原発から四〇キロメートルの距離にある海沿いの町で大震災に遭遇し津波を避けて数日アリーナで過ごした。夜の間中、原発が爆発する危機が刻々と迫る恐怖にさらされた。津波で亡くなった方々の遺体が次々に運ばれて線香の煙が充ちるすぐ傍で、スクリーニングが行われるテントを見た。三月三一日には雇われ者の首輪を外せるとその日を心待ちにしていたが3・11に暗転した。退職後原発から六〇キロメートルの郡山市近くの町に戻ると、見え隠れする情報から線量が高過ぎて避難せねばならぬ場所だと知った。米国なら八〇キロメートル範囲を避難させると日本政府に伝えていたという。中通り地方もまたせめてチェルノブイリ法に沿った施策に拠ってほしいと切に待ち望んだ。けれども、政府は期待をことごとく裏切り、べらぼうに高い二〇mSv基準の酷烈な悪政を強いた。汚染地帯に放置したのだ。

東電と政府は原発事故に関する情報を隠蔽し捏造した。ぽつぽつと公刊される本をつなぎ合わせ、小島力が指摘する事実にやっとたどり着いたのは二〇一三年夏のことだ。小さな同人誌にあがきのごとき「フクシマの明日―低線量被曝をめぐって」を書いた。その頃にはすでに小島力は悪辣な政策を見抜いて国と戦っていた。暮らしていた家を追い払われ田畑も山も人との関係も何もかもを奪われたすさまじい体験とは比べようもなく、私の経験は卑小だ。しかしながら放射能の被害のない新しい町に住む権利を保障すべきだと切実に思い描いていた胸の奥にその言葉が響いたのだ。大方の人は無論、反原発を標榜する人ですらこうした後処理の惨憺たる内情をほとんど理解していない。政府が線を引いた避難区域だけにしか放射能の被害がないと思い込んでいる。福島市から郡山市まで避難区域とすべきだという考えは受け入れまい。小島力のように放射性物質の健康被害や棄民政策の細部までを知り尽くし、その不条理と理不尽を骨身にしみて理解する者はあまりに少ない。

原発は収益性からもリスクの大きさからも市場原理では忌避される性質のものだから、国家が介入し最も強力な中央官庁と巨大な独占企業の二人三脚によって暴走する怪物的プロジェクトだ。潤沢な税金と資金を使い地方議会、マスコミ、大学研究室を丸ごと買収して批判者を排除して翼賛体制を作り上げる。こう事故後すぐに山本義隆は『福島の原発事故をめぐって―いくつか学び考えたこと』に書いた。原発が事故を起こしてひとたび暴走を始めれば人間の処理能力で回復するには絶望的なまでに困難だとも指摘した。けれども、原子力ムラは死に絶えるどころか堂々と復活を果たし、汚れた手で数々の酷たらしい政策を問答無用で無理強いした。

小島力らは孤立を恐れることなく東電に挑み、損害賠償を求めてよく戦った。放射性物質を取り除く除染は、事故処理の切り札のごとく喧伝され、国が避難を指示した地域を直轄で行った。しかし莫大な金額を投入した除染がほとんど効果のない杜撰な実態であることを小島力が中心となった組織が実地に計測して暴き、白日の下に明証した。自分の家の除染をするまでにさんざん悩み苦しみ、当局に要望書を提出しかなわぬとなれば承服できぬ理由を送り付けた。言葉を武器にしてたったひとりで最後まで戦った。

かつて電通合理化に対決する労働運動に力を注ぎ、原発立地地域における困難な原発反対運動に傾注した。正直で真っ当に生きようとすると権力に突き当たる。組織に依拠して権力と戦う際には、硬軟織り交ぜた柔軟な方法によって対処した。人権や人間の尊厳を原理原則に据え、人としての柔らかで豊かな感受性を持ち続けた。運動の中で原発労働者の被曝を目にし耳にして放射能の危険性を肌身に迫るごとく理解した。原発が原因とは認定されずに捨てられた人の生に深く心を痛めた。小島力はこのように生きてきた。ことごとくが事故後の行動の根源を支えている。

生き抜くために強いられた戦いの軌跡がこの本の真骨頂である。倒すことが困難な権力に真正面から歯向かった。そして敵の正体を明かし、群れなす醜悪な輩の悪行をあからさまにした。事実をなかったことにしてはならぬという一念で文字を刻み続けた。

この本の核心は次から次へと手渡され、今すぐには大きな変革につながらなくとも、その精神が息を吹き返す日は必ず来るに違いない。

小島少年は音楽と文章を書く才能に恵まれた。その資質は詩を作り歌う労働運動の中で花開いた。この本を読み進めるうちに、上質な小説のように美しい曲が流れる刹那に出会えるだろう。そこここに激しい怒りが込められていることに気づくに違いない。喜びや充実感にひたる最中に、秘められた深い悲しみがあふれてくる。そして時として滂沱たる涙の影が見えてくる。

（あきざわ・ようきち／文筆業）

あとがき

福島県郡山市に移り住んで二年目となり、原発事故後十年の節目を迎えようとしている今、テレビも新聞も、政府や地方自治体も「復興、復興」の大合唱である。「十年をふりかえる」という意味で、福島県内では名士と呼ばれる市長や県議、国会議員などが、テレビや新聞を通して様々な発言を繰り返しているが、それぞれの立場や考え方の発言なので、原発の「安全神話」に便乗してきた事実や、政府の推進政策を後押ししてきた経緯は、帳消ししましたは免罪されてしまう。

このほど政府・東京電力は、県内の大方の反対を押し切って、トリチウム汚染水の海洋投棄を決めた。「国の定めた基準にしたがって希釈したものを放出する」と言うのだが、この基準が問題である。除染や避難指示解除の政府決定が、国際基準の20倍・二〇mSvであることを考えれば、この海洋投棄も満腹の度合いに応じて食事制限の基準を設定するのと同様であろう。来県した復興大臣が、放射能を野放しで放置した山地から採取する、山菜や茸の規制を緩和すべきと示唆したり、県議会では学校給食で福島牛や福島産の米を、影響の受けやすい児童に摂取させるための条例を提案したり、自治体の長が帰還困難区域の除染をしないままで、避難指示解除を政府に求めたりしている。

数万人の被災者がふるさとを追われ、県内は無論のこと全国各地に分散避難した事実は、すでに遠い昔の出来事として、忘れさせようとしている。今ここで「原発事故」の話をまともに切り出したとしても、「今さら何を言うか」「済んだことをグタグタ言うな」と、そっぽを向かれそうな気配ではある。

その時々に君臨する権力者によって、歴史が書き換えられるという事実は、枚挙にいとまがない。無謀な戦争政策によって奪われ犠牲にされるのは、常に無力な民衆の生命であり、無視されてきた「声なき声」である。今回の原発事故も同じ経緯をたどって、ふるさとを追われた苦しみも、人生を捻じ曲げられた悲しみも、「声なき声」として捩じ伏せられようとしている。

「しょうがあんめぇ」と言う方言がある。自分の手の届かないところで、決められた運命をうべなうための、諦めの言葉である。とは言え原発事故に対して「起きてしまったことは仕方がない」と、放り出してしまっていいものか。人為で引き起こされた「原発事故」を、あたかも天災でもあるかのように、「しょうがあんめぇ」と諦めてしまっていいものか。

郡内全般はもちろん、阿武隈山地に拡散し放置されている、色も形も匂いもない、身体的には痛みも痒みも伴わない、放射性物質という魔物。怖いものは理屈抜きで怖いのだ。跡形もなく解体される生まれ育った我が家や、フレコンバッグに詰め込まれ廃棄されたアルバムや日記帳、家財や日用雑貨の数々。それらにまつわる口惜しいものは、あくまで口惜しいのだ。放射能が降り積もるふるさとの野山に、芽吹くタラの芽やワラビ、落葉の下から頭を持たげるシメジやシシ茸、咲き乱れる桔梗や竜胆やオミナエシの花々。これら懐かしいものは、ひとつひとつがすべて懐かしいのだ。

この書は「労働者文学」に連載したものを整理し、一部書き改めたものである。未曽有の原発事故に関して、周囲に同調して口を閉ざしてはならない。歴史を書き換えようとする勢力をおもんばかって、「声なき声」を圧殺させてしまってはならないのだ。それがこの書を著した、唯一の理由である。

「労働者文学」の仲間でもあり地元福島の事情にも詳しい、須賀川市の秋沢陽吉氏には常々教示を頂いており、そのご縁で今回発刊に際して一文を頂戴できたのは仕合せであり、謝して御礼申し上げる。

二〇二一年五月

小島　力

〔付記〕

著者、小島力は本書最終校正の最中に病を得て地元郡山での入院生活を余儀なくされました。およそ一か月半の加療を経て退院しましたが、引き続いて校正を要請するのは無理と判断し、著者の了解のもと、後事を西田書店の日高徳迪さんに委ね、日高さんはその意をくみ取っていただき前著同様刊行に勤しんでくださいました。

本書記述に大過はないと思いますが、著者の思い違いが生じておりましたら、事情をお察し願い、ご理解くだされば幸いに存じます。

「あとがき」には記載されていませんが、本書刊行に際し、写真を提供くださいました大石芳野さん、飛田晋秀さんに心から感謝申し上げます。また、前著に続き、装丁を引き受けていただきました桂川潤さんが、装丁完了後にお亡くなりになったことは残念きわまる出来事でした。心よりご冥福をお祈りいたします。こうした皆さまのご助力により本書が刊行され、忘れてはならない「福島」へ、小さな、しかし確かな刻印を示すことが出来ました。有難うございます。

二〇二二年八月

坂口美日（著者長女）

著者略歴

小島　力（こじま・ちから）

1935年、東京都世田谷区生まれ。

1945年、福島県田村郡移村（母の生家）に疎開。

戦後、開拓農民となった両親と同県葛尾村に移住。

中学卒業後、進学を断念し、同村の郵便局に就職。

局員時代は反原発運動、労働運動、音楽運動に関るかたわら、10代で始めた詩作活動をつづける。

1994年、定年退職。

2011年3月12日、原発事故により避難生活に入り、武蔵野市の都営住宅に移りながら、詩作と音楽活動をつづける。その間、被災者救済運動「葛尾村原発賠償集団申立推進会」を組織し、同会代表を務める。

著書に『詩集・わが涙滂々―原発にふるさとを追われて』（2013年、英語版2017年、西田書店）がある。

故郷は帰るところにあらざりき
原発避難10年の闘い
2021年10月15日初版第1刷発行

著　者……小島《こじま》　力《ちから》

発行者……日高徳迪

装　丁……桂川　潤

発行所……株式会社 西田書店

〒101-0051 東京都千代田区神田神保町2-34　山本ビル

Tel 03-3261-4509 Fax 03-3262-4643

http://www.nishida-shoten.co.jp

印　刷……平文社

製　本……高地製本所

ISBN978-4-88866-661-9 C0036